Konsequent

inkompetent

Astrid Mazur-Schaar

Konsequent

inkompetent

Gedichte

**Bibliografische Information
der Deutschen Nationalbibliothek**
Die Deutsche Nationalbibliothek verzeichnet diese
Publikation in der Deutschen Nationalbibliografie;
detaillierte bibliografische Daten sind im Internet
über http://dnb.d-nb.de abrufbar.

Impressum

© 2020 Astrid Mazur-Schaar

Herstellung und Verlag:
BoD – Books on Demand, Norderstedt

ISBN 978-3-752625936

Gewidmet all jenen,
die sich während
der letzten vier Jahre dachten:

"OMG, what have I done?!"

Inhalt

"Ich glaube ..."

Nehmen wir mal an so eine Situation,
es stünden gleichzeitig vor Gott
diese drei Herrscher derselben Nation
und Gott fragt sie klug und ohne Spott:

"George, Barack, Donald, ich will von euch wissen:
Woran glaubt ihr? Antwortet weise."
Da sagt George W. Bush religiös beflissen
und irgendwie ungewohnt leise:

"An den freien Handel glaube ich sehr
und auch an ein starkes Amerika.
An die Kraft der Religion glaube ich noch mehr."
"Na, brav", sagt Gott. "Dein Platz ist da."

Dann kommt Barack Obama an die Reihe.
"Ich glaube an die Demokratie,
an den Weltfrieden und dass man Arme
von der Armut befreie."
"Sehr gut", sagt Gott. "Du sitzt vis-à-vis."

Und als drittes Donald Trump vor dem Schöpfer steht,
fragt dieser den immer gleichen Satz:
"Woran glaubst du?" Bei der Antwort ihm die Luft ausgeht.
Denn Trump sagt: "Ich glaub', du sitzt auf meinem Platz."

Trumps erste Schritte ins Präsidentenamt

Zwei Tage nach seinem Amtsantritt
hielt sich Donald Trump noch nicht ganz für fit.
Er sprach mit allen Regierungskollegen
und bat sie um ihre Tipps deswegen.

Frau Merkel hat ihm den guten Rat gegeben,
sich mit schlauen Menschen zu umgeben.
Trump wollte wissen, woran sie diese erkennt,
woraufhin Merkel ihm ihr Geheimnis nennt.

Sie ruft Herrn Schäuble zu sich: "Eine kurze Frage:
Wer ist das, was ich Ihnen verschlüsselt sage?
Es ist der Sohn Ihres Vaters, doch Ihr Bruder ist es nicht."
"Das bin ich", Herr Schäuble gleich als Antwort spricht.

Trump ist begeistert, so dass er diesen Test
in sein Regierungsprogramm gleich einbauen lässt.
Vice President Pence muss als erster antreten.
Er war unsicher und hat um einen Tag Bedenkzeit gebeten.

Doch er kam nicht dahinter, das war ihm echt peinlich.
Er dachte sich aber: Obama weiß das wahrscheinlich.
Lieber würde er sich bei diesem diskreditieren
als sich vor Trump bei dieser Frage komplett zu blamieren.

Gleich als er am nächsten Morgen das Oval Office betreten,
hat Trump ihn um seine Antwort gebeten.
"Der Gesuchte ist Obama", sagte Pence unbeschwert.
"Du Idiot! Es ist Schäuble", hat ihn Trump dann belehrt.

Das Wahlergebnis von 2016

Verdammt! Das Volk hat ihn also gewählt.
Hätte man jedoch nur nach Stimmen gezählt,
dann hätte er die Wahl ja nicht gewonnen.
Ein anderer ist so auch schon mal ums Amt gekommen.

Ich schätze, seinem Vorgänger ist grad ganz schlecht.
Er sieht aus, als ob er gleich kotzen möcht'.
Doch er muss sich als Staatsmann zusammenreißen
und dies geistige Knäckebrot willkommen heißen.

Er gibt das Erbe seiner Regierungszeit
an einen Krakeeler, der laut und polemisch schreit,
der gedroht hat, alles zu demontieren
und soziale Gerechtigkeit zu torpedieren.

Der Nachfolger ist ein fieser Rassist
und obendrein ein geschmackloser Sexist.
Wird das Land in vier Jahren noch so gut dastehen?
Die Welt denkt sich tapfer: Wir werden sehen.

Eigentor

Trump ist wütend, denn Twitter hat es gewagt
und mittels Warnung bei seinen Tweets indirekt gesagt,
dass zwei seiner Nachrichten wären unausgewogen
und in der Kernaussage sogar erlogen.

Schon tweetet er aufgebracht gegen Twitter
mit einem seiner üblichen Verbal-Gewitter.
Er sieht seine Redefreiheit beschränkt.
Wie üblich reagiert er pampig gekränkt.

Er droht, diesen Dienst demnächst abzuschalten.
Oh ja, er würde Twitter zusammenfalten.
Er, der Präsident, hätte nämlich die Macht,
mit der all seine Feinde werden zu Fall gebracht.

Dummerweise hat er dabei völlig vergessen,
dass er selbst ist vom Twittern total besessen.
Ich hoffe, sollte er so weiterplärren,
dann sollte Twitter ihm den Account einfach sperren.

Aber nein, das wäre der verkehrte Weg.
Trumps Getwitter ist doch schließlich der beste Beleg
für seine wachsende Blödheit und dass man den Mann
wahrhaftig nicht noch einmal wählen kann.

Das Höchste Gericht

Ruth Bader Ginsburg war eine tapfere Frau.
Sie kämpfte für Gleichberechtigung und wusste genau,
würde sie nicht bis zur nächsten Wahl durchhalten,
würde Trump den Supreme Court
                    nach seinem Gusto gestalten.

Wie wir wissen, hat sie es leider nicht geschafft
und D.T. hat umgehend – wie ekelhaft –
noch bevor RBG unter der Erde war,
eine Nachfolgerin nominiert. Das war ja klar.

Die starke Ruth hat den Kampf erneut aufgenommen
von ihrem Platz aus, nachdem sie
                    in den Himmel gekommen.
Sie plädierte vor Gott und sagte: "Guter Mann,
sieh dir doch diesen Schmock da unten an.

Was der in deinem Namen für Propaganda macht,
das gehört sich doch nicht. Hast du noch nie dran gedacht,
diesem Popanz mal einen kleinen Dämpfer zu geben?
Er muss ja nicht gleich sterben.
                    Ein bisschen Angst um sein Leben,

das wäre für den Anfang doch an dieser Front
eine Erweiterung für seinen Horizont."
Gott aber kann keiner Fliege was zuleide tun.
Er war natürlich Ruths Meinung und fragte sich: "Was nun?

Ich lasse einen Test mal positiv ausfallen.
Dann denken alle, Covid-19 hätte Donald befallen.
Er wird vor Schiss auch gleich ein wenig Fieber bekommen.
Nach ein paar Tagen glaubt er,
        er wäre noch mal davongekommen."

Dummerweise kennt sich Gott mit D.T. nicht gut aus.
Der Mann macht sofort eine Wahlkampagne daraus.
Jetzt arbeitet Ruth Bader Ginsburg an ihrer Revision.
Plädiert sie nun für eine richtige Infektion?

Größenwahnsinnige Landverkäufe

Im Jahre Achtzehnhundert-grauer-Zwirn
machte Napoleon einen Deal.
Der Mann hatte wohl nicht viel im Hirn.
Er verkaufte Louisiana und verlangte nicht viel.

Die Welt sähe sicher anders aus,
wären in Nordamerika die Staaten im Süden,
anstatt dass sie verscherbelt von diesem Banaus',
bis heute bei Frankreich geblieben.

Auch Alaska, dieser nördlichste Bundesstaat,
war mal ein richtiges Einkaufsschnäppchen.
Die Russen fluchen heut noch: "Da hab'n wir den Salat!"
Der Verlust war ja schließlich kein Häppchen.

Nun haben die USA einen Präsident,
der will unbedingt Großes vollbringen.
Und weil er diese Einkaufsgeschichten kennt,
denkt er, auch ihm könnte so ein Coup gelingen.

Also hat er sich an die Dänen gewandt.
Die sollen ihm Grönland verkaufen.
Das ist doch nur vegetationsloses Land,
ein eisbedeckter Haufen.

Der letzte Wahlslogan, für den D.T. bekannt
und mit dem er offensichtlich gewann,
"Make America great again!" – Nun fordert das Land,
dass es noch weiter geht voran.

"Make America greater!" ist das nächste Ziel.
Ein neuer Bundesstaat muss also her.
Der Rest der Welt denkt: "Der Mann ist grenzdebil."
Leider zieht ihn keiner aus dem Verkehr.

20

Leider nur Fake News

Sein Ehrgeiz hat Donald Trump bewogen,
dass er eines Tages ist hinauf zum Mars geflogen.
"Rocket One", so hieß seine Marsrakete,
golden angestrichen, da war er etepetete.

Der Crew, die diese durchs Weltall gesteuert,
hat er gleich nach dem Start überheblich beteuert,
dass er den Mars als erstes entdeckte,
als er nachts auf der Terrasse Ivanka mal neckte.

Und da wurde auch gleich jene Idee geboren,
dass er, D.T. der Größte, wäre auserkoren,
pionierhaft den Mars für sein Land zu besetzen.
"America first!" - Die Crew ließ ihn schwätzen.

Jeden Tag schickte Trump eine Rede in den Äther.
Durch Rückkopplung erhielt er sie selbst etwas später.
So konnte er sich endlich auch live mal genießen.
Wie Öl ließ er seine Worte über sich fließen.

Irgendwann aber war man so weit geflogen,
dass der Empfang von der Erde war akustisch verzogen.
Da wollte D.T. nicht mehr weiterfliegen
und er befahl der Crew, sie sollten ohne ihn abbiegen.

Er würde in die Rettungskapsel steigen
und der Erde bei seiner Rückkehr gleich zeigen,
wie er alles im Griff hat. Er ist ja unentbehrlich.
Der Rückflug wäre doch völlig ungefährlich.

Als die Crew dagegen ein paar Einwände hatte,
fuhr Trump sich gelassen mit dem Kamm durch die Matte.
Dann sagte er: "Sie sind Fake und Sie sind jetzt gefeuert!
Schon morgen wird meine Mannschaft komplett erneuert."

Die Astronauten schalteten auf Autopilot.
Dann gingen sie schlafen und stellten sich tot.
Und D.T. blieb im Cockpit alleine zurück.
Er überlegte: "Ob ich einen Knopf jetzt mal drück'?"

Das hat er schon immer mal machen wollen,
den Knopf zu drücken, der alles bringt ins Rollen.
Er, Donald der Größte, würde es allen mal zeigen!
Aber keiner war da. Also konnt' er auch schweigen.

Und dann überkam ihn im Weltall, welches so weit,
eine unerträgliche Einsamkeit.
Er war doch noch immer das kleine Kind,
das sich vor allem fürchtet. Deshalb macht er so viel Wind.

Und dann weinte er alleine in der dunklen Nacht.
Da hat ihm ein Astronaut einen Lutscher gebracht.
Währenddessen Klein-Donald an diesem genuckelt,
ist die Marsrakete wieder Richtung Erde gezuckelt.

Je näher sie aber diesem Ziel wieder kam,
um so schlechter sich Donald ständig benahm.
Da hat die Crew den Präsidenten am Mond "verloren".
"Das hat er so befohlen",
              hat sie nach der Landung geschworen.

"A small step for Donald!" – Ohne schlechtes Gewissen
hat ihn die Crew tatsächlich rausgeschmissen.
"But a great step for mankind!" wurde dann auch gejubelt.
Für Donalds Rücktritt wurde dieser
              in den Medien gedoubelt.

Der schlaue Donald hat 's voll überrissen,
beim Wasserverbrauch wird von allen beschissen.
Deshalb macht es keinen Sinn, diese Wasserspardüsen
– so ergaben seine privaten Analysen –
einzubauen oder Tropfenfänger.
Der Mann von Welt duscht sowieso länger.

Das wär' ein Spaß,
   stoppt man nach drei Minuten die Wasserpumpen,
dann hätte Donald am Kopf einen klebrigen Klumpen.

Die cholerische Ente

Wer sein Kind nach einer cholerischen Ente nennt,
den Spruch "Nomen est Omen" wohl nicht kennt.
Denn an Donald, dem Vogel aus Entenhausen,
dem Patron aller Loser und Zornes-Banausen,
kann man sehen, wie er wütet und explodiert,
wenn mal wieder was nicht wie er will funktioniert.

An allem sind immer nur die anderen schuld.
Er will stets alles sofort und hat keine Geduld.
Ständig droht er unverhältnismäßig mit Strafen –
egal, wenn die auch mal die Falschen trafen.
Unbedingten Gehorsam verlangt er von jedem,
will auch jeden zu Spenden für sich selbst überreden.

Nur seiner großen Liebe frisst er aus der Hand.
Die Bedingungen ihrer Partnerschaft hat sie benannt.
Und spurt er mal nicht so wie er soll,
sagt sie ihm sofort: "Das Maß ist voll!"
Dann gibt er klein bei. Er folgt ihr aufs Wort.
Seinen Unmut lässt er aus dann an anderem Ort.

Entenhausen ist Synonym für Amerika.
Denn ein Erpel Donald krakeelt auch da.
Die First Lady hat ihn gewiss längst in der Hand.
Sie zu verärgern wäre daher wohl höchst riskant.
Und Donalds Gequake, sehr häufig nur Mist,
zeigt auch, wie ungebildet diese Ente ist.

Präsidiale Träume

Wenn andre Präsidenten auch lügen,
wieso soll ich nicht selber betrügen?
Der Putin ist schon so lang an der Macht.
Ganz ehrlich, das wäre doch gelacht,
wenn mir nicht mal die zweite Amtszeit gelingt.
Also, das muss ich schaffen ganz unbedingt.

Dann hätte ich wieder vier Jahre Zeit,
die ich besser nutze, denn nun bin ich bereit,
um der Verfassung ein paar Updates hinzu zu fügen.
Ich will mich nicht mit acht Jahren begnügen.
Präsident auf ewig, das ist mein Ziel.
Gegen Biden gewinn' ich locker, der ist doch senil.

Meine Weisheit wird täglich drei Stunden getwittert.
Ich will, dass die ganze Welt vor mir zittert.
Ich will den USA weitere Länder einverleiben.
Grönland und Kanada sollen nicht selbständig bleiben.
Die Mauer zu Mexiko soll aber stehen bleiben.
Diese Latinos kann ich nämlich nicht leiden.

Vielleicht führe ich auch die Sklaverei wieder ein.
Dann vergeht diesen Schwarzen endlich ihr Schrei'n.
Oder ich deportiere sie alle nach Afrika.
Und die Vereinigten Staaten von Amerika
benenne ich um in Trumpistan.
Vielleicht fange ich dann noch den Dritten Weltkrieg an.

"Mister President", hör' ich eine Stimme flüstern.
Der Tonfall scheint mir lasziv und lüstern.
"Mister President, was Sie planen ist illegal.
Außerdem sind Sie krank und müssen ins Hospital."
Wieso hat diese Frau eine Spritze in der Hand?
Ich hab' das Gefühl, ich hab' die früher gekannt.

Ich kann nicht mehr sprechen, man hat mich geknebelt.
Man hat mich auch aus den Latschen gehebelt.
Ich liege gefesselt auf einer Trage.
Mein Gehirn ist vernebelt und ein einziges Frage-
zeichen: Was ist mit mir geschehen?
Und dann sehe ich einen Doppelgänger
                                in den Briefing Room gehen.

Ein Krankenwagen bringt mich fort von hier.
Ich soll mich nicht wehren, brutal droht man mir.
Das Radio läuft, ich hör' meine Stimme,
wie ich mich räuspere und eine Rede beginne:
"Sorry, Volk, ich hab' dich vor vier Jahren belogen.
Hillary hatte gewonnen und ich hab' sie
                                um ihren Sieg betrogen."

Trumps politische Aktivitäten

Ist das geil, jetzt protestiert schon der Präsident,
indem er Golfspielen ein politisches Statement nennt.
Seine Pressekonferenz ist "friedlicher Protest",
vermutlich weil man ihn nicht so regieren lässt,
wie er gerne möchte, wie er will, dass es geht.
Da erlässt er ganz schnell auch mal ein Dekret.

Mir scheint, dieser Troll bereitet sich grade vor
– zumindest ist das in seinen Reden Tenor –
dass er jetzt schon mal ungehindert durchregiert
und er tut alles, damit er die Wahl nicht verliert.
Er verunglimpft die Briefwahl, die wäre Betrug.
Mit dem Auszählen käme man jahrelang in Verzug.

Als Nächstes kommt womöglich der Vorschlag daher,
dieses Jahr gar nicht zu wählen, das wäre nur fair
und sicher, um vor Corona zu schützen.
Das würde allen Bürgern doch gleichermaßen nützen.
Es müsste auch niemand infizierte Wahlzettel zählen.
Trump beschließt einfach, dass ihn alle wiederwählen.

Er spielt Golf, eine Maske trägt er nicht.
Sein "stiller Protest" lautet "Zuversicht".
Das Virus wird sicher bald wieder verduften.
Das war sowieso nur Fake News
                              von ein paar Presse-Schuften.
Und falls es überhaupt jemals eins gegeben hat,
dann fand das gewiss irgendwo anders statt.

Benefiz-Quiz

Einmal im Jahr ist ein Quiz im TV.
Der Präsident und seine Vorgänger zeigen, wie schlau
sie doch sind und natürlich ist das Ziel dabei,
dass der Sieger der amtierende sei.

Der Moderator muss die Schlussfrage sorgfältig wählen,
denn Donald Trump darf die Lösung ja nicht verfehlen.
Obama zitierte schon wie aus der Pistole geschossen
sämtliche Vereinbarungen,
            die er in seiner Amtszeit geschlossen.
Sogar die Reihenfolge stimmte. Das hat er genossen.

Dann kam die letzte Frage für den Präsident.
Sie war einfach, damit er auch die Antwort kennt:
"Mr. President, wie viele Bundesstaaten
haben die USA und wie heißen sie,
            das sollen Sie uns verraten."

Donald Trump, dieses präsidiale Genie
antwortet: "Well ... That's easy for me.
Es gibt sehr viele Bundesstaaten, wissen Sie."
"Ja, und wie heißen sie?" fragte der Moderator beflissen.
"Ich heiße Donald Trump, das sollten Sie wissen."

Anstand war gestern

Die Politik ist ein Haifischbecken,
in dem sich Krokodile und Piranhas verstecken.
Auch Flusspferde tauchen hin und wieder auf.
Hinter dir reißt ein Killerwal sein Maul weit auf.

Du hoffst auf den rettenden Ast schon mal,
doch der entpuppt sich als fieser Zitteraal.
Diese Insel im Pool, auf die du gekrochen,
das ist aus der Nähe ein Stachelrochen.

Also rasch wieder runter, an den Rand geschwommen.
Vielleicht bist du den Tentakeln
                                der Quallen noch entkommen.
Von wegen mal ein wenig im Wasser planschen,
ein paar Gesetzesvorschläge zusammenmanschen.

Du kannst dich nirgends wirklich sicher wähnen.
Außerhalb des Beckens lauern nämlich die Hyänen.
Die jagen dich, denn sie wollen dich zum Fressen fangen
und treiben dich in den Dschungel mit den Schlangen.

Diese Flucht kannst du nicht wirklich gewinnen,
denn es lauern im Dickicht auch noch die Spinnen.
Hat dich letztlich die Regierungstarantel gebissen,
dann weißt du, wie Politik geht, nämlich beschissen.

Du kommst niemals nach oben als braver Jäger.
Da braucht es schon waghalsige Minenleger.
Politik ist mittlerweile echt brutal und verroht.
Was wundert es, dass wieder mal gewinnt ein Despot.

Dilemma

Intelligent ist er nicht, doch er ist schlau.
Er weiß aus diesem Grund ganz genau,
was er will und wie er es erreichen kann.
Dieser Typ ist ein rücksichtsloser Mann.

Am liebsten würde er über Leichen gehen,
doch weil auch seine Anhänger das nicht gern sehen,
bemüht er sich um andere Tricks.
Er ist flexibel je nach Lage des Augenblicks.

Unbequemen Fragen gilt es stets auszuweichen.
Die Reporter können ihm doch nicht das Wasser reichen.
Selbst wenn – was er sagt – ist kackfrech gelogen,
penetrantes Wiederholen schließt den Bogen.

Denn wenn man die Lüge oft genug wiederholt,
wird der Zuhörer nach und nach umgepolt.
Deshalb kann man bei solchen Lügnern nur verlieren,
es sei denn, man würde sie komplett ignorieren.

Für die Presse ist es ein schmaler Grat.
Lässt man ihn weiter lügen? Geht diese Saat
auf, so dass man seinen wahren Charakter erkennt?
Oder wählt das Volk ihn einfach noch mal als Präsident?

Wozu eigentlich debattieren?

"Ich bin Präsident. Was scheren mich Regeln?!"
denkt Trump und fährt fort, frech herum zu flegeln.
Er fällt seinem Kontrahenten ständig ins Wort,
verleumdet penetrant und lügt in einem fort.

So kennt man ihn. Was hat man erwartet?
Dass er jetzt auf einmal staatsmännisch startet?
Das hat er nicht nötig. Er will nur unterhalten.
Er will die Debatte zur Farce umgestalten.

Seine Botschaft lautet: "Ich werde bleiben!
Scheißegal, wie viele Menschen Joe Biden
wählen, ich werde das Ergebnis nicht anerkennen.
Schließlich kann ich mich selber zum Sieger ernennen.

Meine treuen Fans, dieser armselige Haufen,
wird mir weiter betriebsblind doch hinterherlaufen.
Diese Würstchen brauchen, denn sie sind so verklemmt,
einen an der Spitze, der keine Hemmungen kennt.

Und den Moderator, den habe ich auch eingesackt.
Wird Zeit, dass der seine Sachen packt.
Ich bin wie ein Panzer, der alles überrollt.
Mich, den totalen Trump, hat das Volk doch gewollt!"

Nach der Wahl ist vor der Wahl

Jeden Tag ein neuer Klopfer
ohne Rücksicht auf die Opfer.
Für ihn zählen nur Moneten.
Täglich wird hier reingetreten
auf die Schwachen, auf die Armen.
Donald Trump kennt kein Erbarmen.
Wer vom Volk ihn nicht gewählt,
sowieso für ihn nicht zählt.

Schuldgefühl ist nicht vorhanden.
Wann kam dies ihm nur abhanden?
Fehler werden weggelogen,
Fakten frech ganz falsch verbogen.
Eigenlob und Selbstlobpreisung
gilt bei ihm nicht als Entgleisung.
Donald Trump hält sich für prächtig.
Leider ist er ziemlich mächtig.

Niemand dacht', er würd' gewinnen,
doch das Volk war halb von Sinnen.
Und nach vier Regierungsjahren
wird der Welt sich offenbaren,
wieviel Schwachsinn so ein Mann
der Nation zumuten kann.
Noch mal so 'n Scheiß lässt sich aber vermeiden.
Bitte, Wähler, stimmt für Joe Biden!

Hurrikan verwüstet Alabama

Ist es nicht witzig, dass der Präsident
die eigenen Bundesstaaten nicht kennt?
Es gibt Hurrikan-Warnung, das ist echt schlimm.
D.T. setzt sein übliches Gesicht voller Grimm
auf und spricht, wie er 's am besten kann:
"This is bad! Really bad!" Und dann fängt der Mann an,
Bundesstaaten aufzuzählen,
die der Hurrikan keinesfalls verfehlen
wird. Klar, Florida ist ganz vorne dabei,
denn da zieht ein Hurrikan immer vorbei.

Dann zählt er noch andre Bundesstaaten auf,
die der Hurrikan verwüsten wird im weiteren Verlauf.
Ganz plötzlich wird auch Alabama genannt,
denn dieser Staat hat sich dem Präsidenten eingebrannt.
Dort hat er viele Wähler, um die muss er sich kümmern.
So ein Hurrikan könnte die Lage dort verschlimmern.
Also ruft er prophylaktisch den Notstand aus.
Dann kann er Gelder transferieren und ist fein raus.

Nur wie üblich durchkreuzt ihm die Lügenpresse
seine listig eingefädelte Finesse.
Die behauptet, für Alabama gibt es keine Gefahr,
weil der Weg des Hurrikans nie so weit westlich war.
Da zeigt D.T. einen Plan, auf dem jeder gut sieht,
dass der Hurrikan sehr wohl nach Alabama zieht.
Und weil die Kurve auf Florida war begrenzt,
hat im Weißen Haus sie wohl irgendjemand ergänzt.

Wer war das? – "I don't know", sagt der Präsident.
Ist ja klar, dass er sich für seine Fake News nicht schämt.
Im Gegenteil, er behauptet, er hätte absolut Recht,
denn die Korrektur auf der Karte ist natürlich echt.
Wie üblich hat wieder nur er den Mut,
die Wahrheit zu sagen. Das Hurrikan-Institut
hat versagt – wie immer – das ist bekannt.
Sie haben den Hurrikan nicht mal Hillary genannt.

Bleibt beim Golf spielen der Ball neben dem Loch
                                        knapp liegen,
malt man bei D.T. eine Korrektur aufs Gras und
                                        lässt ihn siegen.

Logische Konsequenz

Donald Trump sitzt im Weißen Haus.
Er hat Fieber und sieht gar nicht gut aus.
Auch hustet er viel und bekommt keine Luft,
weshalb er nach seinem Leibarzt ruft.

Doch der lässt ziemlich lang auf sich warten.
Er chillt ganz gemütlich in seinem Garten.
Völlig panisch sagt ihm der Referent,
der vom Weißen Haus höchst persönlich zu ihm rennt:

"Komm schnell, du musst den Präsidenten kurieren!
Es sieht aus, als hätte er Corona-Viren."
Da setzt sich der Arzt mit einem Lächeln im Gesicht:
"Papperlapapp, Corona gibt es doch nicht.

Und selbst wenn es das gäbe, der Präsident,
der das Virus so gut wie kein anderer kennt,
würde doch von diesem nicht infiziert.
Der ist für so ein Virus viel zu raffiniert."

"Herr Doktor, Sie sind Fake News aufgesessen."
"Oh nein, mein Freund, Sie sind pflichtvergessen.
Diese Informationen stammen von Trump direkt.
Schließlich hat er als erster dieses Virus entdeckt.

Und er hat nicht nur die Gefahr erkannt,
er hat sie auch durch striktes Verbot gebannt.
Mag schon sein, dass andere daran sterben.
Die können sich dann nicht um sein Amt bewerben.

Also glaube mir, Junge, der Mann mit der gelben Tolle
hat die Pandemie nach wie vor komplett unter Kontrolle.
Ich befolge seine Befehle ohne Beschwerden.
Schließlich möcht' ich im Amt nicht ausgetauscht werden."

Und dann hat Trumps Leibarzt gemütlich weiter gechillt
und später im Garten entspannt gegrillt.
Donald Trump jedoch, mit versteinerter Miene,
verweigert stur eine Beatmungsmaschine.

Mit röchelnder Stimme meint er scharf:
"Nicht sein kann, was nicht sein darf."
Und er denkt sich: "Me first! Das wäre geschafft,
dass mich das Virus als erstes Staatsoberhaupt dahinrafft."

Ach, bitte liebes Virus, tu deine Pflicht
und verschone all deine Leugner nicht.
Ich weiß, es ist plump, sich provozieren zu lassen,
aber würde dir so ein Triumph nicht selber passen?

News aus dem Weißen Haus

Wie ein Lauffeuer rast die Nachricht durchs Land:
Im Weißen Haus hat es gebrannt.
Es wurde – kein Fake! – überall berichtet:
Donald Trumps Privatbibliothek wurde vernichtet.

Welch Verlust! Beide Bücher wurden
                                    ein Raub der Flammen.
Die Feuerwehr kehrte nur noch die Asche zusammen.
Voller Wut verlangt Trump, dass man den Verlust
                                    ihm bezahlt.
Schließlich hatte er das zweite Buch
                        noch nicht fertig ausgemalt.

Von Anfang an auf dem falschen Weg

Der Bub, er war kein Einzelkind,
war vierter nur von fünf.
Der Vater sagt, dass sie was Besonderes sind.
's ist ok, wenn die Nase man rümpft.
"Seid rücksichtslos, nicht eine Spur
Verständnis" – diesen fiesen Schwur
verlangt der Vater von den Kindern.
Die lassen sich durch nichts behindern.

Sohn Donald fiel besonders auf,
nahm eine Klage gar in Kauf,
weil er im Job ganz ungeniert
hat schwarze Kunden diskriminiert.
Einen Prozessvergleich hat er nicht gemacht.
Vielmehr zog er volle Kraft in die Schlacht.
Nach zwei Jahren wurde dennoch
                          ein Vergleich geschlossen,
da war D.T. in seiner Haltung nur noch mehr entschlossen.

Dann hat er als Grundstücksspekulant
Schulden in großer Höhe gemacht,
hat die Geschäftsentwicklung nicht erkannt
und ist bankrott zusammengekracht.
Dann wurde vom Fernsehen er entdeckt
für eine Rolle, die ihm gut schmeckt.
Man hat ihn für eine Show angeheuert.
Sein Job war, zu sagen: "You are fired!"

Als bekannter Hund, so war es Brauch,
traf er sich mit der halben Welt.
Bei Politikern dachte er: "Das kann ich auch!"
Das das falsch war, sei dahingestellt.
Zwischen beiden Parteien schwankte er,
war mal Beelzebub und mal Luzifer.
Sogar für Hilary hat er mal gespendet.
Dann hat er sich von ihr abgewendet.

Ja, Donald strebte selbst nach dem Amt,
investierte einen Batzen Geld.
Er war für das Weiße Haus entflammt
und hat zur Wahl sich aufgestellt.
Wie war die Welt doch so naiv.
Die Wahl komplett aus dem Ruder lief.
Das Wahlsystem brachte ein Ergebnis,
das war für alle ein Schockerlebnis.

Und nun wütet der Egomane seit fast vier Jahr'n
und hat das Volk in zwei Hälften geteilt.
Regelmäßig sieht man ihn auf dem Golfplatz fahr'n,
weil er sich vom Regieren gerne abseilt.
Was dem Volk guttut, interessiert ihn nicht.
Ganz ehrlich, der Typ ist nicht ganz dicht.
Er tut alles, um im Amt noch zu bleiben.
Ihr Wähler, beendet bitte dies Treiben!

Das war echt knapp

Wer hat mir neulich diesen Bullshit erzählt?
Die Amis haben Trump noch einmal gewählt.
Der Mann hat vier lange Jahre bewiesen,
dass sein Handeln ist begründet in seinem miesen
Egoismus und dem Willen, sich und den Seinen zu nützen.

The people? Who cares? Die muss man nicht schützen.
Und nach allem, was Trump ihnen angetan,
verfielen sie wieder in diesen Wahn.
Sie glauben dem Führer dieser großen Nation,
wenn er ihnen versichert: "Ich mache das schon!

Dieses Fake-Corona wird demnächst vergehen.
Auch wenn die 200.000 Toten nicht wieder auferstehen
und obwohl die Westküste lichterloh brennt,
ich hab' alles im Griff, ich, der Super-Präsident!

Corona habe ich doch nur totgeschwiegen,
damit wir alle hier bloß keine Panik kriegen.
Das würde ich auch gerne mit den Waldbränden machen,
die die Demokraten leider immer wieder neu entfachen.
Doch verlasst euch drauf, die Zukunft wird es zeigen:
Ich kann noch ganz andere Krisen verschweigen."

Das Volk ruft "Hurra!" – Man muss ja nichts ändern.
Mit Strafzöllen kämpft man, dass in anderen Ländern
die Menschen begreifen, wer die Welt regiert.

Plötzlich klingelt der Wecker. Ich wache auf irritiert.
Ein Blick auf den Kalender lässt mich beruhigt sehen:
Es ist noch September und die Wahl nicht geschehen.
Ob Trump haushoch verliert, ist also noch offen.
Daher kann ich noch ein paar Wochen lang hoffen.

Corona-Briefing im Weißen Haus

Der Chef-Virologe steht totenbleich
neben dem Präsidenten und hört dessen Geseich.
Er muss sich dabei voll konzentrieren,
um dabei nicht die Contenance zu verlieren.

Im Anschluss darf er ans Rednerpult gehen
und muss sich elegant darauf dann verstehen,
den Schwachsinn des Präsidenten zu relativieren,
denn der darf dabei nicht sein Gesicht verlieren.

Sonst läuft es nämlich wie im Mittelalter,
wo der kluge königliche Sachverwalter
etwas sagte, was dem König missfiel.
Da hieß es nämlich: "Du redest zu viel!

Ab in den Kerker bei Wasser und Brot.
Ein Widerwort und du bist ganz schnell tot!"
Zwar wird man heutzutage nicht mehr geköpft,
aber Spaß ist was andres, wenn der Präsi sich kröpft.

Nichts Schlechtes ohne was noch Schlechteres

Aufgrund von Corona
      braucht die Menschheit gerade sehr viel Geduld.
   Nur ein Schlaukopf schreit lauthals: "DIE waren schuld!"
Ich muss da noch nicht mal einen Namen nennen,
weil wir diesen Schreihals ja alle kennen.

Die Chinesen planten wohl eine Weltübernahme
und die WHO, diese besonders lahme
Institution wird gewiss von dort auch gesteuert,
obwohl die USA sie bezahlen.
         Das ist 's, was der Krakeeler beteuert.

Nebenbei prahlt er damit, eine Million Leben zu retten,
amerikanische Leben! – Ich möchte drauf wetten,
dass dem Rest des Volkes überhaupt nicht auffällt,
dass was aus ihm wird, irgendwie gar nicht zählt.

Irgendwann, noch bevor der Sommer vorbei,
kommt gewiss die lautstarke Wichtigtuerei:
Dann wird der Psycho behaupten,
                  er rettete die 330 Millionen
Amerikaner, die in den USA dann noch wohnen.

Und das Volk wird jubeln und es wird ihn wiederwählen.
Es kann zwar nicht gut rechnen,
                  doch man kann auf es zählen.
Die WHO wird bis dahin vielleicht von China finanziert
und wird natürlich weiter schweigen,
         falls dies die Welt noch mal pandemisch infiziert.

Die Queen hat 's drauf

Die Queen hat viele lästige Pflichten.
Sie kann sich nicht drücken, sie muss sie verrichten.
Ihr Job ist 's, das Land zu repräsentieren,
sie muss andre Herrscher empfangen
                        und mit ihnen dinieren.
Sie muss Small Talk beherrschen, der ist
                        manchmal arg klein,
weil ihrem Tischnachbarn fallen ja nur Plattheiten ein.
Contenance halten muss sie vor allen Dingen
und ihr stoisches Lächeln darf niemals misslingen.
Diese Frau zeigt professionell der ganzen Welt,
wie man formvollendet die Fassung behält.

Und doch erzählt man sich diese Geschichte,
die ich im Vertrauen jetzt hier berichte:

Es ist noch gar nicht so lange her,
da kam ein US-Präsident, also nicht irgendwer,
zu Besuch und sie fuhr mit ihm durch die Stadt
in der Kutsche, weil er das gewünscht sich hat.
Sechs Rösser zogen das prunkvolle Teil.
Der Präsident fand das affengeil.
Doch eines der Pferde litt an Flatulenzen.
Das brachte das Umfeld an seine Grenzen.
Denn das Ross furzte den ganzen Weg ungeniert
und hat ziemlich laut und stinkend den Weg parfümiert.

In der Kutsche hat es bald infernalisch gestunken,
obwohl die Queen und ihr Gast haben heftig gewunken.
Der Präsident bekam fast Atemnot.
Sein Kopf verfärbte sich dunkelrot.
Der Gestank in der Kutsche war echt penetrant.
Da sagte die Queen, damit sich die Lage entspannt:
"Mr. President, please accept my regrets,
I do hope that this is not something that upsets
you too much, but there are things
                              even a Queen can't control
as I don't have a general monopole."

Der Präsident, ganz internationaler Gentleman,
blickt die Queen an, von links oben her souverän
und er sagt: "Your Majesty, thanks for being so frank.
I know, sometimes not even the strongest tank
can hold its contents, and before you explode,
it's always more healthy to let go of some load.
But you know, if you hadn't said anything now
and made this comment regarding the stink of a cow,
I would have assumed – between us of course –
that the reason for the smell was a farting horse."

Nationalheiligtum

Mount Rushmore, ein steinernes Monument,
das man auch außerhalb der USA gut kennt,
war Veranstaltungsort zum Independence Day
mit polemischen Reden ohne fair play.

Und danach hat D.T. für ein Foto posiert,
auf welchem er sich als Präsident geriert,
dessen Kopf noch als fünfter in den Felsen passt.
– Was für ein größenwahnsinniger Phantast!

Was würde sich George Washington dazu wohl denken?
Allein die Idee würde ihn sicher arg kränken.
Und ein Staatsmann von Thomas Jeffersons Format
empfände D.T. gewiss nur als Präsidenten-Imitat.

Fing nicht Theodore Roosevelt,
                als die Trumps vorbei an ihm stöckeln,
damit an, aus einer Stirnfalte raus zu bröckeln?
Und Abraham Lincoln, der Vater der Sklavenbefreiung,
fühlte sicher des Ortes kolossale Entweihung.

Keine Panik! Mount Rushmore ist schon sehr erodiert,
so dass weiteres Bohren dort nicht mehr funktioniert.
Der Denkmal- und Umweltschutz regiert an diesem Platze.
Das erspart wohl der Welt diese fünfte dumme Fratze.

Irritation im Presseraum

"Mr. President, haben Sie ein schlechtes Gewissen
wegen all ihrer Lügen, weil Sie so oft schon beschissen?"
so fragte ein Reporter im Presseraum.
Der verlogene Donald hielt sich gut im Zaum.

Erst tat er, als hätte er nichts verstanden.
Er ist richtig ratlos am Pult gestanden.
Der Reporter hat die Frage erneut gestellt.
Dem Präsidenten die Klappe etwas runterfällt.

Er fragt noch mal nach, um was es geht.
Es macht den Eindruck, dass er grad gar nichts versteht.
"Ach, Lügen? – Wer soll das gewesen sein?"
"Na, Sie!" schiebt der Reporter nochmal hinterdrein.

"Wer? Ich?" (Was meint nur dieser Typ?)
Es scheint, dass Trumps Team nichts andres übrigblieb,
als das vereinbarte Zeichen fürs Ende zu geben.
Trump log "Danke" und ging. Ja, so ist er eben.

Hoffnung verpufft

Ich las: "Präsident Trump will friedliche Machtübergabe".
Nanu? Bei dieser Headline im Netz, da habe
ich nicht schwer gestaunt. Was war da passiert?
Diese Nachricht hat mich sogleich sehr interessiert.

Ich klickte auf den Link, um weiterzulesen.
Da bin ich natürlich schnell sehr enttäuscht gewesen.
Die Überschrift ging weiter, lasst mich zitieren:
"… nach der Wahl nicht garantieren".

Ja, so kennt man diesen Regierungsneider.
Er schielt auf andere Länder leider.
Dort sind Despoten schon viel länger an der Macht.
Wie das geht, haben sie ihm vorgemacht.

Damit ihm seine Chancen nicht entgleiten,
ist er seit Wochen dabei, alles vorzubereiten.
Und nun hat er die Möglichkeit, beim Obersten Gericht
noch einen Richter zu ernennen, worauf er nicht verzicht'.

Denn alle Richter, die er ins Amt gehoben,
werden später gewiss keinen Aufstand proben,
wenn er nach der Niederlage das Ergebnis in Zweifel zieht
und vor Gericht geht, der miese Ränkeschmied.

Für zwei Sekunden war ich hoffnungsvoll.
Dann erkannte ich schmerzlich: Troll bleibt Troll.
Von seinem ständigen Nölen wegen Wahlbetrug
habe ich inzwischen sowas von genug!

Trumps allerletzte Ansprache

Diese miesen Mexikaner hatten das lang schon geplant,
so hinterhältig und fies, wir haben gar nichts geahnt.
Sie haben unser Land massenhaft überschwemmt,
mit Drogen gedealt so ungehemmt,
sie haben unsere Frauen geschändet,
uns das Land gestohlen, unser Vermögen entwendet.
Sie haben uns verhöhnt und uns provoziert,
und das hat letztlich dazu geführt,
dass uns nichts anderes blieb, als eine Mauer zu bauen,
hinter der sie uns nun auslachen beim Rüberschauen.

Wir dachten, wir hätten die Gefahr gebannt.
Doch wir sind ihnen in die Falle gerannt,
denn die Mexikaner, diese gemeinen Schweine,
wussten durch ihre Wissenschaftler alleine,
dass die Erderwärmung sich ins Gegenteil wandelt,
weil die Nordhalbkugel bald eine Eiszeit verschandelt.
Und weil wir nun flüchten müssen, wir, die Guten,
die versuchen, Mittelamerika jetzt zu fluten,
da werden wir vor der Mauer von uns gegenseitig erdrückt.
So ein perverser Plan ist den Mexikanern geglückt!

Donalds Waldspaziergang

Melania und Donald, ihr Ehemann,
gehen im Wald spazieren dann und wann.
Sie genießen die Ruhe vor der Öffentlichkeit.
Auch kein Secret Service ist weit und breit.

Die beiden haben sich nämlich abgesetzt.
Auf einmal schaut Melania völlig entsetzt.
"Donald, was liegt da? Kannst du mir das verraten?"
Donald antwortet: "Schatz, das sind drei Handgranaten.

Lass uns mal lieber schnell von hier verschwinden."
"Nein!" ruft Melania, "Wenn Kinder die finden ...
Wir müssen die an die Polizei übergeben."
Also bückt sich Donald, um sie aufzuheben.

Er hält die Granaten. Er läuft voran.
Melania hält auf einmal schwer atmend an.
"Schatz, warte, kannst du bitte etwas langsamer sein.
Mir fällt da nämlich noch etwas ein.

Ich hab' ein blödes Gefühl. Mich interessiert,
was machen wir, wenn eine davon explodiert?"
Da sagt Donald, wie immer durch sein Genie erhaben:
"Nun, dann sagen wir, dass wir nur zwei gefunden haben."

Trumps Corona-Strategie

Am siebten März hat die Welt noch nichts gewusst
von der Corona-Gefahr und Donald hatte Lust,
mit der neuen Freundin seines Sohnes Geburtstag zu feiern.
Er kann doch nichts dafür, wenn die Chinesen verschleiern,
was sich auf der Welt gerade zusammenbraut.
Auch die WHO sagte nichts. Donald hat ihr vertraut.

Dass an diesem Tag schon hunderttausend waren infiziert,
das hat in Florida lang noch niemand interessiert.
Auch dass dreitausendsechshundert gestorben waren,
sah noch lange nicht aus wie vermehrte Gefahren.
Nein, die Welt wollte damit doch nur ihn zerstören,
auf dass die Republikaner die nächste Wahl verlören.

Viel wichtiger wäre es, nun Golf zu spielen,
um all jenen, die gerade auf ihn zielen,
zu zeigen, alles wäre voll unter Kontrolle.
Und dann frisierte er sich noch einmal seine Tolle.
Dass die Welt kurz vor einem Impfstoff stünde,
diese Behauptung ist für ihn nur eine lässliche Sünde.

Schließlich galt es primär, die Börse zu stabilisieren,
damit die Aktionäre – also auch er –
        nicht zu viel Geld verlieren.
Seine Rede war, man sollte nur die Ruhe bewahren,
während der Platz nicht mehr reicht,
        die Toten aufzubahren.
Wo war eigentlich das Buch
        'Pandemie für Dummies' geblieben,
das noch wurde unter Vorgänger Obama geschrieben?

Vermutlich hat man es unter ein Tischbein gelegt,
damit der Tisch nicht mehr wackelt und sich bewegt,
während Trump im Oval Office residiert
und die Zuteilung der Hilfsmittel persönlich sortiert.
Seine Florida-Freunde werden doppelt versorgt
mit Gesichtsschutz,
        der kurz mal von New York wird geborgt.

Ist doch klar, dass nur diejenigen Rettung verdienen,
die Trump als loyale Unterstützer dienen.
Und inzwischen spricht er sogar davon, dass es Opfer geben
wird und dabei auch viele ihr Leben
lassen würden. Doch Schuld hätten die Chinesen,
denn wegen ihnen war er so lange im Dunkeln gewesen.

Der Präsident entscheidet
nach Prüfung der Fakten

Präsident D.T. ist plötzlich verschieden
und steht an der Pforte zur Hölle.
Der Teufel hat sich noch nicht entschieden,
wohin er ihn schickt auf die Schnelle.

Die Hölle ist voll, belegt sind alle Plätze.
Also muss der Teufel überlegen,
wohin er D.T. zur Strafverbüßung setze
und wen er dafür entlasse deswegen.

Er sagt: "D.T., aufgrund deiner Sünden
musst du in der Hölle bleiben.
Du musst, damit wir einen Platz für dich finden,
mir helfen beim Entscheiden."

In der ersten Zelle schwimmt Bush Sr. herum
in einem Becken voller hungriger Haie.
Die bringen ihn natürlich nicht um,
denn die Strafe ist Schwimmen. Das sieht jeder Laie.

D.T. aber sagt: "Das kann ich nicht machen.
Ich kann nämlich gar nicht schwimmen.
Sie haben doch sicher noch andere Sachen,
um einen Platz für mich zu bestimmen."

Da öffnet der Teufel die nächste Zelle.
Margaret Thatcher klopft dort Steine.
Mit Hammer und Meißel kommt sie kaum von der Stelle.
Sie klopft hier schließlich alleine.

"Mister Teufel", sagt D.T. beflissen,
"das ist nichts für meinen Rücken.
Den habe ich mir neulich im Bett verrissen.
Jetzt kann ich mich nicht mehr bücken."

Der Teufel öffnet das nächste Tor.
"Nun musst du dich aber entscheiden."
Dahinter sehen Bill Clinton und Monica Levinsky hervor.
Sie büßen zusammen, das war nicht zu vermeiden.

Bill liegt mit gefesselten Händen da,
bekommt von Monica einen geblasen.
"Ich hatte keinen Sex mit Monica",
wiederholt er ständig und noch andere Phrasen.

Als D.T. das Paar in der Zelle erblickt,
sagt er gleich: "Ja, das liegt mir als Strafe doch sehr."
Da hat der Teufel Monica nach Hause geschickt
und Bill sagte: "Na, dann komm gleich mal her."

Der smarte Donald hat 's als erster begriffen:
Unangenehme Themen muss man umschiffen.
Als erstes wird die Frage komplett ignoriert.
Danach tut man so, als hätt' man 's nicht kapiert.
Als nächstes schimpft man irgendein "Fake" retour
und lobt sich und ein paar andre über deren Bravour.
Und wenn das nicht hilft, liefert man absurde Theorien.
Zu guter Letzt kann man immer noch von dannen ziehen.

Verantwortungslos oder getürkt?

Nur drei Tage ist Trumps Erkrankung allgemein bekannt,
schon fährt er wieder kurz durchs Land.
Man möchte glauben, das ist alles nur Simulation
und im Wahlkampf eine durchtrieb'ne Manipulation.

Das Regierungsgeschäft wurde nie unterbrochen.
"Mir geht es gut", hat er auch schnell gesprochen.
Wollte er etwa nur kurz Panik verbreiten
bei Joe Biden, um gegen ihn fieser zu fighten?

"Ich lernte alles über Covid, das war Schulrealität.
Tolles Personal hier. Ich weiß jetzt wie 's geht.
Diese Sache ist wirklich höchst interessant.
Wir lieben alles, was gerade passiert hier im Land."

Und der Leibarzt verkündet, es wird schon geplant,
Trump zu entlassen. Also echt, da schwant
einem doch, dass etwas nicht stimmen kann.
Gab man ihm den Sauerstoff nur,
                    damit er damit prahlen kann?

Genauer betrachtet, wirkt hier alles dubios.
D.T.'s Verhalten macht fassungslos.
Für die Swing-Wähler hofft er, war das ein tolles Zeichen.
Wenn 's blöd läuft, wird das für die Wiederwahl reichen.

Donald, der Erste

Donald, der Erste hat ein Problem.
Es ist ihm ehrlich unangenehm,
dass er, der 45. Präsident,
ist im Vergleich zu den andern ein Konkurrent,
zu vierundvierzig anderen, und er fragt sich bang,
wie er es schaffen kann auf den obersten Rang.

Also fing er an, eine Mauer zu bauen,
nicht so schön und breit wie die,
                  auf die die Chinesen schauen,
aber immerhin doch ein Monument,
das man inzwischen weltweit kennt.
Auch wenn andre Regenten den Kopf nur schütteln,
an diesem Bauwerk ist nicht mehr zu rütteln.

Dann wollte er ein neues Bundesland kaufen,
um mit diesem Erwerb den andern den Rang abzulaufen.
Es hat nicht geklappt, man war nicht interessiert.
Von der Absage fühlte er sich sehr düpiert.
Dummerweise ist Erobern heut nicht mehr modern.
Er schmollte ein paar Tage: "Ach, habt mich doch gern!"

Dann kam ihm eine Drohne im Nahen Osten gelegen.
Er überlegt angestrengt, wie er nun deswegen
einen Krieg anzetteln könnte zwischen fernen Ländern,
denn er würde so gern ein paar Grenzen verändern
oder wenigstens auf den einen Knopf mal drücken.
Der nächste Wahlkampf beginnt bald,
                  also muss er sich schicken.

Noch einfacher wäre es, die Vereinigten Staaten
würden im Senat und Kongress sich beraten
und beschließen, dass eine Monarchie
die Repräsentanz erleichtert und auch die Bürokratie.
König Donald, der Erste könnte endlich durchregieren
und dann könnte er Grönland einfach annektieren.

Das Weiße Haus würde The White Castle genannt
und das Oval Office würde extravagant
in einen Thronsaal umgebaut, in welchem ein Podest
King Donald the First vom Thron herabschauen lässt.
Und all die Nieten, mit denen er noch ist umgeben,
die würden einen weichen Fußabstreifer geben.

"Mr. President", flüstert nun ein Minister.
Ein anderer fragt: "Ähm, sagen Sie, ist er
schon wieder hinterm Schreibtisch eingenickt?"
Dann wird gelost, wer den Präsidenten zwickt,
um diesen aus seinen Träumen zu wecken.
Sobald er aufwacht, wird er sich wie üblich erschrecken.

Konsequent inkompetent

Was ist nur vor ungefähr vier Jahren
in die Hälfte der amerikanischen Wähler gefahren?

Da stellte sich ein Geldverschwender,
ein Rassist, ein Pussy-grapschender Blender,
ein nachtragender, rechthaberischer Narzisst,
dessen Benehmen unberechenbar und beleidigend ist,
ein Choleriker und Egomane vor dem Herrn,
dem Skrupel, Toleranz und Empathie liegen fern,
ein selbstverliebter kleingeistiger Lügenbold
zur Präsidentschaftswahl und glaubt,
                              das Volk hätte ihn gewollt.

Man hat ihn mal ein "lebendes schwarzes Loch" genannt.
Na, habt ihr dies "mental gefestigte Genie" erkannt?

Neulich beim Chirurgen-Kongress (1) (engl.)

At the surgeon congress in Texas everyone was a snob
and praised himself: "I did the very best job."
There was a contest for highest honors right after dinner
and to find after the competition the one and only winner.

The first surgeon said: "I am the best!
I once had a patient whose hands were badly pressed.
I fixed all his fingers while he was praying,
and today he is on stage and piano playing."

The second one said: "Well, fellows, I did better.
One day I received a very sad letter.
A man was hit by a train, both legs were gone.
I reattached them, and last week he won the marathon."

A third surgeon entered the contest: "Sorry to disturb.
Well, you are quite good, but I am superb.
I once was called to a horse accident.
The first rider was obviously distracted and
he smashed with his horse into a concrete wall.
There was not much left of man and horse after all.
All we found was the man's butt
                          and the horse's blonde mane,
a few bones, but believe me, there was no brain.
Anyway, I fixed all I found after this accident,
and guess what, this man became our president."

Neulich beim Chirurgen-Kongress (2)

Beim Chirurgen-Kongress in Texas gab es viel Eigenlob.
Ein jeder sagte: "Ich machte den allerbesten Job."
Um zu entscheiden, wem höchste Ehren gebühren,
wollte man nach einem Wettstreit den Sieger küren.

Der erste Chirurg sagte: "Also, ich bin der Beste!
Ich hatte mal einen Patienten,
                        dem man die Hände arg presste.
Er betete, während ich ihm die Finger sortier'.
Inzwischen steht er auf der Bühne
                        und spielt perfekt Klavier."

Der Zweite sagte: "Kollegen, ich hab' das besser gemacht.
Man hat mir eines Tages eine schlimme Nachricht gebracht.
Einem Mann wurden von einem Zug
                        beide Beine abgetrennt.
Ich nähte sie wieder an, wonach er siegreich
                        einen Marathon rennt."

Da meldete sich ein dritter Chirurg für den Wettbewerb:
"Ihr seid nicht schlecht, in der Tat, doch ich bin superb.
Ich wurde einmal zu einem Unfall gebeten.
Verschied'ne Reiter waren zu einem Rennen angetreten.
Einer ist mit seinem Pferd in eine Betonwand gerannt.
In dem zerschmetterten Haufen hat man
                              nicht mehr viel erkannt.
Doch wir fanden des Mannes Arsch
                              und die blonde Mähne vom Pferd.
Da war kein Gehirn, wir haben nur
                              ein paar Knochen vorgezerrt.
Ich nähte alles zusammen. Nach diesem Unfall man kennt
den geheilten Patienten als unseren Präsident."

Wenn Größenwahn regiert

God's own country – haben wir das kapiert? -
wird nicht von seinem Sohn, sondern von ihm selbst regiert.
Zumindest hat dieser Präsident,
den man an seinem Kopfputz überall gleich erkennt,
einen Gottkomplex, der ihn glauben lässt,
er gehört ganz nach oben auf das höchste Podest.
Für die Weltbevölkerung ist das ein Härtetest.

Die Welt ist schlecht, manche Länder sind böser
als die üblichen Feinde, doch er, der Erlöser,
erklärt uns, was wichtig und richtig ist.
Denn nur er weiß, wo 's langgeht, und all der Mist,
den man über ihn redet und überall verbreitet,
der kommt von den Neidern, die irregeleitet
nicht den Boden küssen, auf dem er schreitet.

"Ja, geht's noch?!" fragt sich der Rest der Welt,
der sich vor Lachen kollektiv den Bauch schon hält.
Wäre es nicht so traurig, weil dieser Mann
seinen Schwachsinn ungefiltert ins Netz twittern kann,
man könnte sich hemmungslos amüsieren.
Doch klammheimlich sich die Erdenbewohner genieren.
Das Ende der Welt manche sogar proklamieren.

Kämen Aliens jetzt aus fernen Galaxien,
würden sie sich vor Schreck gleich wieder verziehen.
Womöglich aber würden sie stattdessen beschließen:
"Keine höhere Intelligenz. Das heißt, wir schießen
diese verseuchte Kugel in Milliarden Stücke."
Dann gibt es zwischen Venus und Mars bald 'ne Lücke.
Und durchs Weltall trudelt eine blonde Perücke …

1. April 2017

"April! April!" – Wäre das nicht toll,
wäre das nicht geradezu wundervoll,
wenn man plötzlich erführe auf allen Kanälen,
man hätte den Fehler gefunden beim Zählen,
so dass das Ergebnis, wer Präsident
geworden ist, um ein paar Prozent
korrigiert werden muss? Man hat zehnmal gecheckt.
Der Amtswechsel wird noch heute vollstreckt.

Es ist wahr, die Nation hat sich sehr blamiert,
doch es wäre schlimmer, wenn einer weiterregiert,
der davon nichts versteht, wie alle erkannten
an der Ämterbesetzung durch seine Verwandten.
Auch wird man natürlich gewissenhaft
alles, was der Fake-Präsi hat abgeschafft,
wieder rückgängig machen, sobald er gegangen.
Und eine Wahlrechtsreform wird man alsbald anfangen.

"Mea Culpa! Mea Culpa!" rufen die Zähler,
die 2016 in der Hektik begingen den Fehler.
Es ist kaum zu beschreiben, wie sehr sie sich schämen.
D.T. darf seine Malbücher alle mitnehmen
und sein Feuerwehrauto mit dem roten Knopf
sowie das Haarspray für seinen schütteren Schopf.

Und wieder mal klingelt der Wecker so schrill.
Wie schade, dass ich nicht bekomm', was ich will!

Die Menschheit hält schon was aus

Die Götter haben ein neues Spiel
und dabei eine Wette am Laufen.
Zeus hält die Menschen für instabil
und für einen wehleidigen Haufen.

Odin hält dagegen, die Wette gilt.
Er schickt unfähige Staatenlenker.
Von denen benimmt sich einer besonders wild.
Der ist ein Großkotz und vor allem kein Denker.

Das Ergebnis die Götter alle verblüfft.
Die Menschen scheinen das auszuhalten.
Egal, wie oft dieser Klotz daneben trifft,
man lässt ihn schalten und walten.

Die Menschen scheinen Masochisten zu sein.
Es sieht so aus, als würden sie ihn noch mal wählen.
Da fällt den Göttern echt nichts mehr ein,
weil sich die Erdlinge wohl gerne selbst quälen.

Drum spricht Gott, der Eine, ein Machtwort aus.
Der Wetteinsatz wird nun verdoppelt.
Gott glaubt, das halten die Menschen nicht aus,
wenn er noch eine Geißel an sie koppelt.

Ein Virus eilt geschwind um die Welt.
Das kann den Staatsschuft jedoch nicht erschüttern.
Er behauptet, dass er die Fäden in der Hand alle hält
und fährt fort, seinen Schwachsinn zu twittern.

Nun sitzen die Götter alle ratlos da.
Die Wette hat keiner gewonnen.
Die Menschen ertragen dieses Corona
und Trump hat immer weitergesponnen.

Vielleicht kommt bald noch ein Komet aus dem All,
um der Götter dumme Wette wieder zu vertuschen.
Es wär' besser, Trump zerreißt es mit einem Knall
und das Virus müsste vor einem Impfstoff bald kuschen.

Ego-Altruismus

"Keiner mag mich!" winselt er wie üblich.
Ist dieses Schmollen nicht irgendwie niedlich?
Er behauptet täglich völlig ungeniert,
dass ihn der ganze Staatapparat sabotiert.
Der ganze Staat und der tiefe Staat
und wer auch immer diese fiese Saat
gegen ihn auch ausbrachte, das sind Verbrecher.
Wird er nochmal gewählt, dann wird er zum Rächer.

Dann wird er alle zur Verantwortung ziehen
und er wird sie verfolgen ohne Amnestien.
Sogar die FDA, die Gesundheitsbehörde,
ignoriert ihn trotz vehementer Beschwerde.
Er verlangt doch nur, dass sie sich beeilen,
um der Welt einen Impfstoff zuzuteilen.
Wie gerne zeigte er der ganzen Welt,
dass er Corona besiegte, er, der wahre Held.

An allen Fronten muss er sich wehren
und öffentlich über die Behörde beschweren,
denn er braucht den Impfstoff noch vor der Wahl
für fehlende Wähler in großer Zahl.
Wieso meldet sich das Volk nicht zum Impfstofftesten?
Er versucht doch alles nur zu dessen Besten.
"Zu seinem Besten" konnte er jetzt nicht sagen,
sonst würde man glatt sein Motiv hinterfragen.

Feuchter Präsidenten-Traum

D.T. will als Präsi noch Eines erreichen,
sein Konterfei auf einem Postwertzeichen.
Und weil er verfügt über absolute Macht,
hat er das selbst beschlossen und herausgebracht.

Er akzeptierte sogar einen niedrigen Wert,
damit der Verkauf nicht wird erschwert.
Über die Masse wird sich der Umsatz auch lohnen.
Doch nach zwei Tagen schon begannen die Reklamationen.

Es hieß, dass die Trump-Marke nicht gut pappt.
D.T. war daraufhin gleich eingeschnappt,
woraufhin die Postler eine Kommission ins Leben riefen,
um den Grund für die Beschwerden zu prüfen.

Der Klebstoff wurde komplett analysiert.
Alles war perfekt. – Ein Prüfer raffiniert
fand die Erklärung, den Fehler bei diesem Produkt:
Die Leute haben auf die falsche Seite gespuckt.

Aktuellste Corona-News
aus dem Weißen Haus

Neueste Studien haben es ans Licht gebracht:
Corona haben die Demokraten gemacht.
Trump muss zugeben, das haben sie geschickt angestellt,
denn sie infizierten zuerst den Rest der Welt.
Um bei ihrem Plan nicht aufzufliegen,
mussten es erst die Chinesen und die Europäer kriegen.

Die Demokraten sahen keinen anderen Weg
(Trumps Beliebtheitszahlen sind der Beleg),
den Wahlkampf von Donald zu sabotieren,
denn sie wollen die nächste Wahl nicht verlieren.
Trump Junior hat jedoch rausgefunden:
Nach dem 3. November ist Corona sicher verschwunden.

Bis dahin aber, das ist nicht zum Lachen,
wollen die Demokraten mit Corona Wahlwerbung machen.
Die Toten sind Fake News, die Bilder getürkt.
Ist doch lächerlich, dass angeblich keine Therapie wirkt.
Und die Tests bringen auch nichts, hat D.T. festgestellt,
er, der Präsident und Desinfektionsmittel-Held.

Am besten wär' es, man würde beschließen,
die Demokraten von der Kandidatur auszuschließen.
Denn während Trump sich um
souveränes Regieren bemüht,
sabotieren ihn seine Gegner völlig abgebrüht.
Nun aber wird er nicht mehr länger schweigen.
Schon bald wird er der Welt alle Verschwörer zeigen.

Kurz vor der Entlassung aus dem Krankenhaus

Noch voll benebelt im Drogenrausch
beginnt Trump schon wieder einen Twitter-Plausch:

"Ich fühle mich toll. Ich bin angstbefreit.
Dieses Covid hatte ich nur kurze Zeit.
Lasst euch von diesem Virus nicht dominieren.
Man muss doch deswegen nicht den Spaß verlieren.
Unter meiner Regierung ist es gelungen,
weil sich die komplette Verwaltung hat aufgeschwungen,
ein paar tolle Mittel und Knowhow zu erlangen.
Mit diesem Cocktail habe ich gleich angefangen.
Ich fühle mich besser als vor zwanzig Jahren!"

Was ist nur in diesen Mann gefahren?
Der klingt doch, als wäre er total bekloppt.
Kein Wunder, man hat ihn umfänglich gedopt.

Nur eine leichte Persönlichkeitsstörung

Wir wissen, dass Trump nicht nur eingebildet ist,
nein, er ist sogar ein bösartiger Narzisst.
Er findet sich toll, er ist selbstverliebt,
er sagt von sich, dass es keinen Besseren gibt.
Er hält sich für klug und ist es doch nicht.
Er ist ein Popanz mit hässlichem Fratzengesicht.
Er ist ein Egomane, wie er im Buche steht,
der Gesetze und Normen konsequent übergeht.
Er ist so dreist, dass er, falls ihn jemand berichtigt,
er diesen laut krakeelend der Lüge bezichtigt.

Wieso wird er nicht mit faulen Eiern beworfen?
Wieso hat man nicht, als er Obamas Gesetze verworfen,
ihn gebremst und in seine Schranken verwiesen?
Wieso lässt ein Land, ach was, die Welt nur diesen
Sozio- und Psychopathen weiter agieren
und durch sein Verhalten eine ganze Nation ruinieren?
Wieso lässt man ihn Blödsinn in die Welt verbreiten,
durch welchen sich Bürger dazu lassen verleiten,
gefährliche Gifte zu sich zu nehmen?
Wieso lässt man all das zu, ohne sich zu schämen?

Um den Planeten ziehen stets verschiedene Plagen,
doch diese eine könnte man aus dem White House jagen.
Experten sollten neben ihm nicht einfach nur schweigen.
Sie sollten ihm ins Wort fallen und Courage zeigen.
Das Volk sollte lückenlose Wahrheit verlangen
und ihn mit Schweigen anstatt mit Applaus mal empfangen.
Ich träume davon, dass dieser Präsident
sich eines Tages an einem Spiegel mal sein Hirn einrennt,
weil er denkt, da wäre ein Doppelgänger
und wissen möchte, wessen Schwanz ist länger.

Dass Trump auch mal was nicht weiß ...

"Der Test ist phantastisch!" Trump schwelgt im Superlativ.
Er hat kein Corona. Er ist negativ.
Auch bei den anderen Leuten im Weißen Haus
fielen die Tests alle negativ aus.

Doch plötzlich und keiner kann es sich erklären,
sich die positiven Tests im Regierungsteam mehren.
Schon erkennt Trump, dass das Testen ja doch nichts bringt,
wenn kein dauerhaft negatives Ergebnis gelingt.

Er rätselt, wie so was passieren kann.
Gestern war der Test negativ, aber heute dann
auf einmal ist das Testresultat konträr.
Er versteht nicht, wo dieses kommt plötzlich daher.

Man muss damit rechnen in den nächsten Tagen,
dass die USA alle weiteren Tests absagen.
Schließlich nützen die nichts,
                    wenn sie nicht negativ bleiben.
Die Chinesen sind es wohl, die die Tests hintertreiben.

Du bist nicht du selbst ...

Kennt ihr die Werbung mit diesem Troll,
der herumspinnt und mit seinem fiesen Groll
alle aufmischt, die in seiner Nähe stehen?
Dieses Ungeheuer kann man im Fernsehen sehen.
Es schlägt um sich, zerdeppert, zertrümmert und
hat Sabber und Schaum auch vor seinem Mund.
Es führt sich auf wie das einäugige Ungeheuer,
spuckt Galle,
verflucht alle,
droht und speit Feuer.
Dieses Monster ist gefährlich, es ist hundsgemein.
Es ist niederträchtig und bösartig obendrein.
Es ist nachtragend und außerdem schnell beleidigt
und tut so, als ob es sich nur verteidigt.

Doch es gibt eine Geheimwaffe, mit der es gelingt,
dass man diesen Troll, dieses Monster bezwingt.
Es heißt: "Du bist nicht du selbst, wer du wirklich bist,
wenn du nicht sofort ein Snickers isst."
Das wirkt Wunder, aus dem Monster
                                wird ein anderes Wesen,
das vernünftig, besonnen und höchst belesen.
Seht nur, wie Obama plötzlich vor uns steht.
Ohne Snickers hat ein Trump völlig durchgedreht.
Er schrie
und er spie.
Er hat die Welt bedroht.
In seinem Umgang war er total verroht.
Er hat übelste Schikanen überall hin verteilt.
Ein Snickers hat ihn von allem geheilt.

Der beste Präsident von allen

Wieso hat der Reporter denn nichts gesagt?
Trump findet, der gehört doch jetzt angeklagt.
Nachdem er ihm erzählte von der Virusgefahr,
da hätte der Interviewer, das ist sonnenklar,
reagieren müssen, indem er das Volk informiert.
Wegen dem sind so viele gute Amerikaner krepiert.

Ihm, Donald, waren schließlich die Hände gebunden.
Er hat sich gequält und in Gedanken geschunden.
Ein Präsident ist ein Staatsmann, ein Souverän.
Das hat man an Churchill ja auch schon geseh'n.
Da darf man nicht einfach Panik verbreiten.
Da gilt es, eine ganze Nation zu leiten.

Diese Fake-News-Heinis sind ein andres Kaliber.
Die verbreiten Lügen oder schweigen lieber.
Hat eigentlich schon mal einer verifiziert,
welche Stimme auf dem Band da wurde manipuliert?
Ganz sicher fabrizierten dieses Band die Chinesen,
denn die sind auch die Erfinder von Kungflu gewesen.

Es ist doch infam, was die Welt alles probiert,
damit er, Donald, the best president ever, wird abserviert.
Außer ihm hat noch keiner einen so tollen Job gemacht.
Schließlich hat er 330 Millionen Amerikaner durchgebracht.
Und er ist auch kein Rassist und auch kein Despot,
denn sonst wären doch alle Schwarzen
                                        und Hispanics schon tot.

Dreimal daneben

Dreimal gezielt und dreimal getroffen.
Alles wurde gefilmt, keine Frage blieb offen.
Natürlich fühlte sich der Polizist bedroht
von diesem gewaltbereiten Chaot.
Deshalb zielte er auch von hinten auf dessen Rücken,
als jener versuchte, sich ins Auto zu bücken.
Da drin saßen drei Kinder – nun, das war nicht ganz klar –
die ahnten nichts von der akuten Gefahr.

Ein Wunder, dass das Opfer das überlebte.
Der Volkszorn natürlich kurz drauf heftig bebte.
Die Bevölkerung hat wieder mal demonstriert
und ein paar sehr Wütende haben auch demoliert.
Da hat der Präsident
                        – wie immer stets aufs Volkswohl bedacht –
ein paar erklärende versöhnende Worte vorgebacht:
"Das war keine Polizeigewalt, das muss man zugeben.
Das ist wie ein Golfturnier, da geht auch mal was daneben."

Drei entscheidende Monate

Drei Wochen haben die Chinesen verschlafen.
Donald Trump möchte sie dafür am liebsten strafen.
Dabei dieser Vollhorst aber leider vergisst,
dass er der größte Trödler von allen ist.

Drei Monate war er damit beschäftigt
(und das hat er täglich vor der Presse bekräftigt),
die Gefahr zu leugnen. Er behauptete stets:
"Keine Gefahr. Ich weiß: So geht 's!"

Dann flog ihm das Virus plötzlich um die Ohren.
Doch noch immer hat er Stein und Bein geschworen,
er hätte alles im Griff, es gäbe keine Gefahr
bei dieser harmlosen Grippe, wie schon oft eine war.

Auch als in New York schon viele Menschen gestorben,
hat ihm das noch lange nicht die Laune verdorben.
War doch okay, wenn es die Demokraten erwischte.
Der Presse er abstruse Theorien auftischte.

Eines Tages aber hat er dann doch kapiert,
dass im Land gerade ein Drama passiert.
Ab dann hat er mit Zahlen um sich geschmissen,
steigende Zahlen von Toten, ohne schlechtes Gewissen.

Seinen Namen ließ er auf Hilfsschecks drucken.
Er beschuldigte China, ohne mit der Wimper zu zucken.
Desinfektionsmittel er als Medikament empfahl.
Bei allem Leid geht 's ihm nur um die Wiederwahl.

Vertane Chance

Das Volk der Amerikaner ist so privilegiert.
Es wird schließlich von einem Genie regiert.
Direkte Sonne lässt zum Beispiel Corona zerfallen,
da soll das Volk sich gleich nackt auf die Wiese knallen.

Und dann erfuhr der Präsident, als er zusah beim Putzen,
dass Desinfektionsmittel auch viel nutzen.
Also dachte sich dieser so kluge Mann,
dass man das doch als Heilmittel anwenden kann.

Und weil er von Medizin wirklich viel versteht,
weiß er auch, dass Impfung mit Spritzen geht.
Deshalb schlägt er sofort die Methode vor:
Man spritze in den Po eine Ampulle voll Chlor.

Echt schade, dass Frau Doktor, die danebenstand,
in der Situation nicht die richtigen Worte fand.
Sie hätte sagen sollen: "Mr. President, you are so clever.
Let's begin with you first, and we will thank you forever."

Präsident Wasserverschwender

Lange Haare muss man pflegen.
Donald Trump erklärt deswegen,
dass das strenge Wassersparen
schädlich ist bei seinen Haaren.

Was da aus dem Duschkopf tropft,
seitdem die Düsen sind verstopft,
um den Verbrauch allgemein zu senken,
da mag er gar nicht mal dran denken.

Nun will er ein Gesetz erlassen,
mit dem man wieder Wasser verprassen
darf, denn er weiß, statt Tropfenfänger
duscht der Mensch sowieso halt länger.

Er gibt zu, dass er zwanzig Minuten braucht,
bis sein Haupthaar komplett ins Wasser taucht.
Ist doch logisch, weil er es sonst nicht erlebt,
dass das Haarspray von gestern nicht mehr alles verklebt.

Angeblich ist sein Haar wunderschön und perfekt.
Er hat Mühe, dass es den ganzen Kopf ihm bedeckt.
Ein Windstoß und der ganzen Welt wird enthüllt,
dass auch für Präsidenten glatzenbildender Haarausfall gilt.

Donald Trump, der beste Kapitän von allen

Wären die USA ein gigantisches Schiff,
Donald Trump als Kapitän hätte alles im Griff.
Wie aber sähe das mit ihm aus
auf der Brücke der Titanic statt im Weißen Haus?

"Es gibt keinen Eisberg! Das ist doch klar.
Selbst wenn es einen gäbe, wären wir nicht in Gefahr,
denn wir werden niemals einen Eisberg treffen,
weil wir rechtzeitig alle Segel reffen."

Ein vorsichtiger Einwand, es gäbe keine Segel,
täte Trump gleich ab als Journalisten-Geflegel.
"Ich rede nicht mit Ihnen, runter vom Boot!
Reporter haben ab sofort Frage-Verbot!

Ich wusste, es war ein Eisberg, vor allen anderen gar.
Ich kenne Eisberge besser als keiner sonst fürwahr.
Diesen Eisberg haben Pinguine hergebracht.
Auch Demokraten ziehe ich als Täter in Betracht.

Dennoch konnte diesen Eisberg niemand kommen sehen –
bis auf die Chinesen, denn die haben 's auf uns abgesehen.
Ich habe diesem Eisberg aber strikt verboten,
uns zu treffen. – Alle Mann jetzt in die Kojoten!"

Schon wieder ein Einwand, das hieße "Kajüten".
"Alles Fake News!" würde Käpt'n Trump dann wüten.
Und er würde die ganze Crew auf der Brücke austauschen
und beleidigt erst mal von dannen rauschen.

Bis zum nächsten Tag wäre er wieder gefasst.
Im Morgenappell spräche er vom Ballast,
weshalb er die Ferngläser hat entfernen lassen.
Er würde sich nun mit der Rettung aller befassen.

"Ja, ein paar von euch werden sicher ertrinken.
Ihr treibt dann unter das Schiff und hindert es am Sinken.
Ich habe inzwischen überall auf der Welt
Rettungsboote beschlagnahmt und nachbestellt.

Ich bin der beste Kapitän, es gibt keinen besseren als mich!
Hätte man mich früher informiert, es wäre sicherlich
niemals so weit gekommen,
                              dass uns der Eisberg getroffen."
So hätte Trump gesprochen,
                              dann wär' das Schiff abgesoffen.

D.T. sagt häufig: "Ich bin der Allergrößte."
Seine Finanzen er bisher noch nicht entblößte.
Er will, dass die Welt vor ihm kuscht und zittert.
Jede Weisheit von ihm gehört sofort getwittert.
"Ich bin der Schönste", sagt er, "denn ich hab' eine volle
weißblond toupierte Echthaartolle.
Ich kann die ganze Welt zerschmettern.
Ich bin der Gescheiteste unter den Chattern."

Es ist wie es ist

"Es ist wie es ist", sagt der Präsident
immer dann, wenn er keine Antwort kennt.
Da der Mann aber allgemein der Schlaueste ist,
dem die Hälfte der Amerikaner aus den Pfoten frisst,
muss er diesen Satz nur selten sagen,
wenn ihn Reporter im Interview Unangenehmes fragen.

"Es ist wie es ist. Die Menschen sterben."
Davon lässt sich Trump doch nicht die Laune verderben.
Schließlich werden auch täglich neue geboren.
Da hat man unterm Strich eigentlich keinen verloren.
Ist doch lästig, diese Frage nach Corona-Toten.
Ginge es nach Trump, hätte er diese verboten.

"Es ist wie es ist. Die Briefwahl ist schlecht",
weshalb Trump sie gern verbieten lassen möcht'.
Nur in Florida hat man diese unter Kontrolle –
zumindest behauptet das der Chef der Trolle.
Vermutlich kann er dort in seinem Sinn betrügen.
Deshalb will er in Florida Briefwahl verfügen.

"Es ist wie es ist", wäre mit einem Mal
ein wunderbarer Satz, wenn nach der nächsten Wahl
ein neuer Präsident das Amt übernähme
und der Vorgänger nie wieder in die Öffentlichkeit käme.
Dann könnte man die Welt von seinem Mist befreien
und Amerika würde wieder gedeihen.

Maskenverschwörung

Die Weltverschwörung hat zugeschlagen.
Man zwingt die Menschen zum Maskentragen.
Wer unter diesem Ding nicht einfach erstickt,
weil sich der Atem enorm verdickt,
der wird ganz sicher – das ist sonnenklar –
über kurz oder lang auch noch unfruchtbar.

Denn das Infizierungsprojekt von den Chinesen
war natürlich ein Ausrottungsplan gewesen.
Die weiße Rasse will man eliminieren.
Dass von Afrikanisch-Stämmigen so viele krepieren,
das ist ein Ablenkungsmanöver, echt mies und perfide,
ausgedacht in der chinesischen Biowaffen-Schmiede.

Doch die kluge amerikanische Regierung
begegnete dem Angriff mittels Desinfizierung,
mittels Sonnenbaden und Ignoranz.
Zu viel Testen ist auch nur Firlefanz.
Wenn man Schwäche zeigt, dann ist das schlecht.
Maskenbefreiung ist ein Menschenrecht.

Plötzlich aber hat sich der Wind gedreht.
Der Präsident, der so viel von Corona versteht,
findet Schutzmasken nun toll, er war nie dagegen.
Er sieht sich als Lone Ranger verwegen.
Dass dieser Held jedoch eine Augenmaske trug,
hat Trump nicht gemerkt. Er ist wohl doch nicht so klug.

Der unschuldig Geschmähte

Pressekonferenz im Weißen Haus.
CNN-Reporter sind für Trump ein Graus.
Er würde sie am liebsten entfernen lassen.
Dann müsst' er sich mit ihnen nicht mehr befassen.

Die stellen ihm ständig unbequeme Fragen.
Die können sich überhaupt nicht betragen.
Von denen wird er ununterbrochen beleidigt,
weshalb er sich mit "You are fake!" verteidigt.

Wenn es nach Trump ginge, säßen im Briefing Room
nur noch Fox News Reporter, um seinen Ruhm
gebührend zu erfassen und zu verbreiten.
Weg mit CNN und deren Schamlosigkeiten!

Die lauern doch nur drauf ihn falsch zu zitieren.
Das sind Demokraten, die das Weiße Haus infiltrieren.
Er, Donald, der Große, macht einen tollen Job
und wird dafür verunglimpft von diesem Presse-Mob.

Da muss er sich doch in aller Ehren
auf Twitter hie und da auch ein wenig wehren.
Das tut er stets höflich und freundlich bestimmt.
Lieber wär 's ihm, dass man diesen Leuten
                              das Mikro wegnimmt.

There's a Monster in the White House

"Nobody likes me!" weeps the president.
He behaves like a baby not as a gent.
Ask him a question which he doesn't like
then he leaves the press room and goes on strike.

But still he is full of praise for himself,
stores his Twitter bullshit on every shelf.
As his poll values are as deep as ever
he suggests to postpone the election forever.

He claims mail-in-voting will be fraudulent.
This man is the biggest embarrassment.
He's so awkward, he's proof that no god exists.
Oh, please, put some handcuffs around his wrists!

Please drag him out of the White House now!
Please tell him that the constitution doesn't allow
such behavior and nor his attitude.
Send in the troops and order them to be rude.

I'm dreaming we had a time machine
to go back and get rid of this Frankenstein.
With today's knowledge wouldn't we have consent
to go back as far as Al Gore becomes president?

Ein Monster ist im Weißen Haus

"Keiner mag mich!" winselt der Präsident.
Er ist bockig wie nur ein Kleinkind flennt.
Stellt ihm eine Frage die ihm nicht gefällt,
rennt er davon und sein Mikro wird abgestellt.

Doch er lobt sich noch immer über den grünen Klee,
dekoriert mit seinem Twitter-Scheiß sogar das Bidet.
Seine tiefen Umfragewerte kann man kaum zählen,
also schlägt er vor, bis auf weiteres nicht zu wählen.

Angeblich ist Briefwahl das Tor zum Wahlbetrug.
Von diesen Peinlichkeiten haben wir echt jetzt genug.
Er ist übler Beweis, es gibt keinen Gott.
Legt ihm Handschellen um und bitte macht flott!

Bitte schleift ihn aus dem Weißen Haus!
Erklärt ihm, dass die Verfassung keine solche Laus
wie ihn im Amt will. Sein Benehmen ist schlecht.
Schickt die Truppen und sagt, grob zu sein wär' ganz recht.

Eine Zeitmaschine möchte ich gern haben,
um ihn loszuwerden, diesen Monsterknaben.
Doch mit dem Wissen, über das wir heute verfügen,
geh'n wir zurück, um auch Al Gore nicht
                              um den Sieg zu betrügen.

Treffen sich zwei Vertreter ...

Vertreter trinken gern mal ein Bier.
Das ist nicht anders in der Kneipe hier.
Und wenn sie genug gesoffen haben,
beginnen sie zu prahlen, die Vertreterknaben.

Der erste sagt: "Ich bin genial.
Mein Umsatz an Kühlschränken ist kolossal."
Fragt der andre: "Was ist daran denn famos?"
Sagt der eine: "Ich verkaufe an Eskimos."

"Das kann doch jeder", gibt ihm der andre retour.
"Mein Handelsgut ist die Kuckucksuhr.
Amerikaner sind meine besten Kunden.
Selbst der Präsident hat sich nicht lange gewunden."

"Was soll denn daran Besonderes sein?"
wirft der eine als Einwand als nächstes ein.
"Selbst um Trump eine Kuckucksuhr zu verkaufen,
muss man sich doch nicht die Hacken ablaufen."

"Das stimmt wohl, für die Uhr
                    hat er sich schnell entschieden.
Doch er war irgendwie noch nicht ganz zufrieden.
Also habe ich ihm zu guter Letzt
noch zwei Säcke Vogelfutter aufgeschwätzt."

Strafbares Handeln

Parkst du falsch oder fährst du zu schnell,
wirst du bestraft, denn das ist kriminell.
Hinterziehst du Steuern als kleiner Mann,
greift dich die volle Härte des Gesetzes an.
Verursachst du einen tödlichen Verkehrsunfall,
dafür bestraft man dich überall.
Stiehlst du, raubst du oder vergewaltigst du gar,
auch dies ist strafrechtlich wahrnehmbar.
Ein Verbrechen ist es, wen im Affekt zu töten.
Erst recht ist Strafe nach Mord vonnöten.

Aber hast du einen Staatschef, der durch Unterlassen,
Ignoranz und Borniertheit lässt viele erblassen
und sterben im Verlauf einer Pandemie,
dann kommt er davon mit seiner Infamie.
Im Gegenteil, weil er sich viel zu wenig kümmert,
hat er die Situation im Lande verschlimmert.
Wieso zieht man so einen nicht aus dem Verkehr?
Ist das bei 140.000* Toten wirklich so schwer?
Was darf sich dieser Verbrecher noch alles erlauben?
Wenn man ihn nicht stoppt, wird er bald,
                    er wäre Gott, von sich glauben.

*) Stand: Ende Juli 2020

Der Präsident fuhr aufs Land

Präsident T. fuhr auf dem Land hin und her,
das heißt er fuhr nicht, sondern sein Chauffeur.
Sie hatten sich vorm Secret Service versteckt,
denn mit diesem Ausflug der Präsident bezweckt,
sich endlich mal wieder frei zu fühlen
und bei den Landmädels den Pussy-Grabscher zu spielen.

Auf der Suche nach einem idealen Objekt,
das sich hier, da oder dort versteckt,
schickte er den Chauffeur links, rechts und im Kreis,
bis der arme Mann schon bald gar nicht mehr weiß,
ob er bremsen oder Gas geben soll.
Der Präsident aber fand die Fahrt richtig toll.

Dann gab 's einen Rums und beim Fahren ein Holpern.
Der Chauffeur stieg aus, ging retour und musste stolpern.
Am Boden lag ein totes Huhn.
So was lässt man nicht auf sich beruh'n!
Da sagte der Präsident: "Lass mich mal nur machen.
Das ist schnell erledigt und dann lass ich es krachen.

Das tote Chicken ist meine Eintrittskarte."
Da sagte der Chauffeur: "Alles klar, ich warte."
Nach fünf Minuten kam der Präsident wieder angerannt.
Der Chauffeur hat ihn fast nicht mehr wiedererkannt.
Ein blaues Auge, geplatzte Lippe, das Hemd zerrissen,
so hat er sich gleich in die Limousine geschmissen.

"Fahr los! Gib Gas! Wir müssen Land gewinnen!"
Der Chauffeur trat ins Pedal, ohne sich zu besinnen.
Doch nach wenigen Metern rumste es wieder.
Der Chauffeur stieg aus, um das tote Gefieder
zu begutachten, doch dort lag ein überfahr'nes Schwein.
Nach dem Rapport sagte der Präsident: "Oh, nein!

Diesmal gehst du selbst, um den Schaden zu melden.
Ich spiele für dich nicht noch mal den Helden."
Also machte sich der Fahrer auf den Weg retour.
Drei Stunden sah man von ihm keine Spur.
Dann tauchte er plötzlich wieder auf.
Er schleppte Pakete links und rechts zuhauf.

Ein Fässchen Wein, fetten Schinken, einen Rosenstrauch,
eine Wurstkette trug er obendrein um den Bauch.
"Alles paletti!" sprach der Fahrer mit Frohlocken.
Da war der Präsident komplett von den Socken.
"Sag, was hast du dem erzählt?"
                    Da wurd' der Fahrer leicht rot.
"Ach, ich sagte dem Bauern nur:
        Ich bin nur der Chauffeur. Das Schwein ist tot!"

Der Pandemie-Überwinder

Von Donald Trump hört man neues Geschrei:
Die USA sind Opfer wilder Testerei.
Niemals hätte man so viele Infizierte gefunden,
so behauptet er inzwischen unumwunden,
hätte man sich bei den Tests nur zurückgehalten.
Das sollte man doch künftig anders gestalten.
Fährt man also die Tests gleich drastisch zurück,
dann entwickelt sich die Pandemie zum Glück
wieder rückläufig. Das Virus wird also bald verschwinden.
Denn wer nichts sucht, der muss auch nichts finden.
So leicht lässt sich eine tödliche Gefahr überwinden.

Echt peinlich, dass wir da selbst nicht draufkamen.
Bedenkt man nur all die Melodramen,
die sich abspielten während der Quarantäne
und aufgrund des Lockdowns, den ich auch noch erwähne,
man hätte sich das alles ersparen können.
Wenn nun weltweit sämtliche Länder begönnen,
die Tests einzustellen, dann wäre einwandfrei
die Corona-Pandemie auf einen Schlag vorbei.
Dann hätte uns tatsächlich Donald Trump gerettet,
der so viel Kluges auf Twitter und sonst wo chattet.
Gebt es zu, jeder Virologe wäre geplättet.

Wieso hören wir nicht überhaupt damit auf,
gegen Krankheit zu forschen? Ein jeder Verlauf
aller Infektionen und sonstiger Leiden
ließe sich durch Ignoranz doch total vermeiden.
Niemand würde mehr krank. Ist das nicht ein Segen?
Und ganz von alleine erklärt sich deswegen
auch die Haltung des Präsidenten zum Versicherungswesen:
Wer nie krank wird, der muss ja auch niemals genesen.
Kein Wunder, dass D.T. ist so stolzgeschwellt.
Wieso regiert er nicht gleich die ganze Welt?
Ich bin gespannt, welcher Schmarrn ihm
als nächstes einfällt.

Was muss noch alles passieren?

Donald Trump liefert ohne Frage
fast jeden Tag eine Steilvorlage,
denn der Mann ist der Klügste und Tollste von allen.
Da kann man vor Neid nur die Fäuste ballen.

Ich denke, bevor er der Präsident
der USA wurde, wie man ihn heute kennt,
da ist er nur deshalb in Konkurs gegangen,
weil es ihm Spaß machte, von vorn wieder anzufangen.

Anstatt weiter seine TV-Show zu finanzieren,
kann er als Präsi ohne eigene Kosten herum pubertieren.
Das übernimmt für ihn jetzt einfach der Staat,
und D.T. hat eine Plattform für seine Saat.

Er hält sich für den Mächtigsten auf der Welt,
weshalb er auch wahllos in alle Richtungen bellt.
Und wer ihn nicht bedingungslos unterstützt,
wird gefeuert, weil man ihm nichts nützt.

Das hätte in seinen Augen so bleiben können.
Er will sich von seinem Amt ja nicht trennen.
Plötzlich kam so ein Virus. Das hat ihn empört
und vor allem in seinem Wahlkampf gestört.

Doch nicht lange, dann erkannte er das Potenzial.
Corona würde sichern ihm die Wiederwahl.
Ach was, man würde ihn heiligsprechen,
könnte er die Infektionskurve unterbrechen.

Also blubbert er Kraft seinem Medizingenie
Therapien in die Welt, so was hörte man noch nie.
Natürlich hoffte er, dass er außer den Viren
auch würde die Demokraten dabei dezimieren.

Dummerweise ist er dabei etwas plump erschienen
mit seinem Tipp, sich desinfizierend zu cleanen.
Er wollte ihn als Mittel der Wahl ja nur nennen
für seine Gegner.
Seine Freunde sollten die Ironie erkennen.

Nur sind die in etwa so dumm wie er.
Deshalb nahmen sie das Desinfektionsmittel her
und gurgelten auf Rat des Regierungsidioten.
Hoffentlich sinken jetzt endlich mal seine Umfragequoten.

Der kluge Donald hat 's schon immer gewusst,
bist du angriffslustig und selbstbewusst,
dann trauen sich die andren auf keinen Fall,
dir zu widersprechen, denn du hast ja 'nen Knall.
Umgib dich mit weiteren schlimmen Despoten,
dann glauben im Volk all deine Wähleridioten,
dass in der Welt alle nach deiner Pfeife tanzen.
Ja, das reicht zum Regieren im Großen und Ganzen.

Trumps Corona-Prioritäten

Wenn wir uns die USA anschau'n,
die werden regiert von einem fiesen Clown.
Er vergleicht Corona mit Kriegsangriffen,
hat andererseits aber noch nicht begriffen,
dass eine Brille das Virus keinesfalls abhält.
Die Gesichtsmaske ist es, die zur Verhütung zählt.

In Pearl Harbor haben quasi über Nacht
Japaner Tod und den Krieg gebracht.
Bei Nine-Eleven waren es Terroristen-Fanaten.
Um ein Haar roch man damals sogar den Braten.
Und nun griff China angeblich God's Own Country an.
Der Präsident treibt derweil seinen Wahlkampf voran.

Ich wette, er lässt sich täglich die Zahlen bringen,
wie viele Tote und Infizierte vor allen Dingen
zu den Leuten gehören, die ihn nicht wählen.
Seinen Empathie-Mangel kann er nicht verhehlen.
Sterben noch mehr Menschen? Klar! Er faltet die Hände.
Egal, wie viele, man bleibt stets am unteren Ende.

Und überhaupt müssen doch die Chinesen,
die die Erfinder dieses Virus gewesen,
die in ihren Berichten so frech gelogen
und bei Atemschutzmasken wahrscheinlich auch betrogen,
die müssen dafür zahlen.
         Man wird die Rechnung präsentieren.
Hauptsache, man wird die nächste Wahl nicht verlieren.

Was sich der Medizinprofessor
für einen Scheiß anhören musste

Donald Trump machte kürzlich den Alzheimer-Test,
weil er sich ungern nachsagen lässt,
er wäre geistig nicht mehr so recht auf der Höhe.
Danach erzählte er Fox-News, wie er das sähe:

"Ich fragte den Arzt, ob er einen Test für mich hätte,
ganz egal was für einen, denn ich wette,
ich bestehe sowieso einen jeden.
Ich musste ihn nicht lang überreden.

Er nannte die Bezeichnung – was auch immer das war ...
Dann stellte er eine Frage, kompliziert, für mich aber klar:
Ich sollte fünf Begriffe wiederholen,
echt schwierige, doch ich tat wie befohlen.

Das waren 'Person, Frau, Mann, Kamera, TV'.
Ich wiederholte sie mehrfach, sogar genau
in der richtigen Reihenfolge, was man nicht musste.
Es reichte, wenn man alle fünf nur wusste.

Ich bin stolz, dass ich diesen Test gut bestand."
Das Volk seiner Wähler nach der Sendung befand,
der Präsident ist doch wirklich ein schlauer Hund
und wie er sagt, kognitiv kompetent und gesund.

Person, Frau, Mann, Kamera, TV – boah, ist das schwer!
Diesen Klugscheißer zieht man nicht so schnell
                                    aus dem Verkehr.
Ganz gewiss wird er die fünf Wörter auch morgen
                                    noch wissen
und sie täglich wiederholen, von sich selbst hingerissen.

Zur Corona-Lage in den USA

Donald Trump würde sich gerne
                    bis zu den nächsten Wahlen
als Corona-Retter in seinem Ruhme aalen.
Deshalb hat er auch auf der Presse-Konferenz geblafft:
"Ich hab' das Virus jetzt abgeschafft!

Auf die Virologen-Säcke will ich nicht länger hören,
weil die mir 'Make America Great Again' stören.
Und die angeblichen Hochburgen, dreimal könnt ihr raten,
werden geführt von den Demokraten.

Das sind doch alles Fake-News, die man hier verbreitet.
Ich befehle, dass man schnellstens dagegen einschreitet.
Wer braucht schon New York, Kalifornien und D.C.?
Mit der Regierung ich jetzt nach Florida zieh'."

Und dann ließ er das Militär einmarschieren,
um bald schon wieder überall zu regieren.
Das Land war von Alten und Armen befreit.
Ja, so träumte D.T., weil er nicht sehr gescheit.

Dann aber hat man ihn aus seinem Schlummer geweckt
und mit den neuesten Realitäten erschreckt.
Seine größte Angst war, während er schlief,
sein nächster Corona-Test wäre positiv.

Er lässt sich nämlich, das hält er für am besten,
jeden Abend erneut auf das Virus testen.
Dabei könnte doch auch mal ein Fehler geschehen.
Ich würd' echt gerne sein dummes Gesicht dann sehen.

83 Tage vor der Wahl

Ist doch rührend, wie D.T. Joe Biden beschützt,
um den Anschein zu erwecken, dass er ihn unterstützt.
Er wettert gegen die Kandidatin als Vice President,
indem er sie gemein und respektlos nennt.

Ja, so ist er, eine Pussy, die heult,
die niemals einsteckt, sondern lieber verteilt.
Er hat doch nur Angst, die Wahl zu verlieren.
Also bemüht er sich, Frau Harris zu diskreditieren.

Und weil die ihn kritisiert ob der Corona-Toten,
kontert Donald, er hätte Deutschland bereits angeboten,
aufgrund seiner erfolgreichen Virenbekämpfung
zu helfen bei deren Übersterblichkeitsdämpfung.

Da hat er wohl wieder mal die Grafik verdreht,
auf der die aktuelle Infizierten-Zahl steht.
Sind in seinem Team eigentlich alle so dumm wie er?
Falls nicht, dann haben sie es wirklich schwer.

Wo ist nur der richtige Zettel?

Habt ihr gesehen, was passiert,
wenn Trump den Überblick verliert?
Er blättert hektisch in seinen Spickzetteln rum.
Wie man erkennt, halten ihn seine Berater für dumm,
denn einem Balkendiagramm ist klar zu entnehmen,
dass Trump nur in der Lage ist, den bequemen
Weg einzuschlagen. Drum sind die Balken sehr breit.
Auf die zeigt er, während er falsche Daten schreit.

Weist der Interviewer ihn auf den Fehler hin,
versteigt Trump sich noch mehr in seinen Eigensinn.
Er kann die vier, fünf Zettel in der Hand kaum noch halten,
wird immer hektischer und richtig ungehalten.
Keiner hat ihm gesagt, was als Antwort er wählt,
wenn man ihm solch aggressive Fragen stellt.

Wie kann es dieser Popanz da vor ihm wagen,
solche impertinenten Sachen zu fragen?
Die USA stehen schließlich in der Pandemie
fast besser sogar da als ohne sie!
Auf dieser Erkenntnis will Trump insistieren.
Wo war gleich der Zettel mit den Balken, den vieren?

Am liebsten gäbe er dem Fake Heini von der Lügenpresse
zum Abschluss des Interviews eine auf die Fresse.

Wahl-Appell

Fuck, was haben die getan,
die vor beinahe vier Jahr'n
dem falschen Mann ihre Stimme gaben?
Was ist, wenn die nichts dazugelernt haben?

Um einen früheren Fehler zu korrigieren,
muss man doch als erstes kapieren,
dass man ihn beging und nun tickt die Uhr.
Bald kommt die Chance zur Korrektur.

Bleibt man stur, weil man sich denkt,
die Stimme damals war nicht verschenkt
und weil man den Fehler sich nicht eingesteht ...
Fuck, dann kann es sein, dass es so weitergeht.

Oh nein, dann wird sich noch alles verschlimmern.
Es ist wichtig, Leute, ihr müsst euch jetzt kümmern.
Ihr steht schon am Abgrund hier im Gelände.
Wenn ihr nicht umkehrt, dann kommt das Ende.

Man braucht doch manch einem Regierungsclown
nur in seine verlogene Fresse zu schau'n,
dann weiß man, dass sich der nur
                    für sich selbst interessiert.
Bitte, ihr Wähler, er gehört abserviert!

Gebt eure Stimme für Anstand und Ehre.
Zieht aus eurer letzten Falschwahl jetzt eine Lehre.
Spürt die Macht, wenn man das Richtige tut.
Aber bitte nur die Falschwähler, dann wird 's wieder gut.

Die Sache mit dem Köder

Donald Trump gab wieder mal eine Pressekonferenz.
Vorher tagte er lange mit seinem Vize Pence.
Er kam daher zu spät, war auch schlecht frisiert.
Da dachten die Reporter: Es ist was passiert!

Wie aber soll man ihm das Geheimnis entlocken?
Der CNN-Reporter würde es bestimmt gleich verbocken.
Also fragte der Mann von Fox – wie man ihn kennt –
gleich als erstes und wie üblich höchst eloquent:

"Mr. President, was haben Sie heute gemacht?
Wir warten schon lange, also hab' ich mir gedacht,
dass Sie womöglich noch achtzehn Löcher spielen
und auf dem Golfplatz einen haushohen Sieg erzielen."

"Ja, Herr Fox, das hatte ich vor.
Dann aber nahm ich mir das Handbuch für Präsidenten vor.
Im Präsidenten-Handbuch für Dummies steht geschrieben,
ich könnte nun alles machen nach Belieben.

Deswegen haben wir den dritten Weltkrieg geplant,
und bevor es noch irgendwo irgendwer ahnt,
werden wir alle Moslems platt machen,
alle Mexikaner und das Volk des chinesischen Drachen.

Zum Abschluss werden wir einen Zahnarzt töten."
Der Fox-Reporter schaut nur kurz betreten.
Dann will er wissen, was es mit dem Zahnarzt auf sich hat
und fragt: "Mr. President, wieso machen Sie
                                    den Zahnarzt platt?"

Da lehnt sich Pence ein wenig vor
und flüstert Donald Trump etwas in dessen Ohr:
"Siehst du, Donald, was habe ich dir gesagt?
Nach all den anderen wird jetzt nicht mehr gefragt."

Lehrstück in Sachen Wahlmanipulation

Briefwahl sollte eigentlich einfach sein,
doch hat man ein manipulierendes Schwein
in der Regierung, das Angst um die Wiederwahl hat,
dann findet natürlich Behinderung statt.

Erst erklärt man das Ganze für besorgniserregend.
(Eine Lüge, wie sie für den Präsidenten so prägend)
Dann versucht man, die Wahl allgemein zu verschieben.
Mit Verzögerungstaktik wird ja viel hintertrieben.

Als nächstes dreht man der Post den Geldhahn ab.
Das ist um so schlimmer, weil das Geld eh schon knapp.
Doch der Chef der Post setzt in Komplizenschaft
noch eins drauf, denn Überstunden werden abgeschafft.

Man kann die Öffnungszeiten auch noch beschränken.
Sollen sich die Kunden ihren Teil doch denken.
Wer weiß, was als nächstes noch alles passiert.
Donald Trump muss echt Schiss haben,
                                           dass er die Wahl verliert.

How to Rig an Election (Lesson One)

To be honest, postal voting should be easy,
but when there is a manipulative pig so sleazy
in the government, afraid for his re-election,
then of course he does everything for his self-protection.

First, the whole thing is declared to be cause for fraud.
(A presidential lie, he claims it's word of God)
Then he tries to postpone the date of voting.
Delaying tactics are good cause for his gloating.

The next thing he does is to cut off the money,
which was tight already. This is not funny.
But the postmaster is his partner in crime.
He's helping as he's abolishing overtime.

In addition he limits the opening hours.
Do the customers realize that he exceeds his powers?
Who knows what's next. As he's afraid to lose
the election, Donald Trump seems to get the blues.

Verschieben, bis die Werte wieder passen

Welche Meinung hat der Präsident von Amerika
von seiner Nation, welche mal so wundervoll war?
Als Bananen-Republik betrachtet er wohl sein Land,
denn sonst hätte er nicht dahingehend erkannt,
dass Wahlbetrug hinter der Briefwahl lauert,
weshalb er im Vorfeld schon dagegen mauert.
Also möchte er am liebsten das Gesetz verbiegen
und kurzerhand die nächste Wahl verschieben.

Ja, wenn es doch nur so einfach wäre
mit dem Wahlbetrug, ganz ehrlich, welche Lehre
würde sich im Umkehrschluss dann offenbaren?
Das wäre des Präsidenten Lieblingswahlverfahren.
Er müsste dann nämlich nicht davor zittern,
dass seine Werte bei der Wahl in den Keller schlittern.
Nein, er würde selbstverständlich selber betrügen
und das Volk mit seinem Wahlsieg belügen.

In Wahrheit will er die Wähleranzahl vermindern
und so seine Niederlage verhindern.
Wählten alle, was die Briefwahl ja leichter macht,
dann hieße es für den Troll Donald sicher "Gut Nacht!".
Deshalb behauptet er, Briefwahl wäre Betrug.
Wahrscheinlich hält er die Idee gar für klug.
Auch nach fast vier Jahren hat er noch immer nicht kapiert,
wie im eignen Land die Demokratie funktioniert.

Wählt ihn endlich ab!
Stimmt gegen ihn, bitte nicht zu knapp!
Jagt ihn aus dem Weißen Haus!
Schmeißt ihn mit seiner Sippschaft raus!
Verklagt ihn für seine Lügen!
Lasst ihn nicht länger betrügen!
Straft ihn für seine Unfähigkeit
und für sein Verhalten, welches zum Himmel schreit!

Trumpinen-Witze

Wisst ihr weshalb Trump nicht joggen geht?
Er hat sich dabei mal den Fuß verdreht.
Dann blieb er stehen, um kurz zu verschnaufen,
und ein Passant sagte zu ihm: "Dumm gelaufen."

Wisst ihr weshalb bei Gewitter, wenn es blitzt,
Trump grinsend auf der Terrasse sitzt?
Er glaubt, Gott würde von ihm ein Foto machen.
Deshalb will er in die Kamera lachen.

Wieso nimmt Trump, wenn er auf die Toilette geht,
altes Brot stets mit, das am Tisch noch steht?
Er will damit die WC-Ente füttern,
damit sie still ist, wenn er sitzt beim Twittern.

Wieso schleicht Donald Trump am Medizinschrank vorbei?
Was denkt sich dieses Genie nur dabei?
Was will dieser Schnellmerker damit bezwecken?
Ganz richtig, er will die Schlaftabletten nicht wecken.

Es gibt Tage, da will Trumps Stab auch mal regieren.
Dazu gibt es einen Trick, der wird stets funktionieren.
Wisst ihr, wie dieser in der Praxis geht?
Man gibt ihm einen Zettel,
      auf dem beidseitig "Bitte wenden" steht.

Wisst ihr weshalb Trump vermutlich schwimmen kann?
Das ist einfach, er ist echt hohl, dieser Mann.
Weshalb geht er dann unter und schwimmt trotzdem nicht?
Ganz klar, der Mann ist nicht ganz dicht.

D.T. setzt ein neues Ablehnungszeichen,
um unangenehmen Fragen auszuweichen.
Er verlangt vom Reporter – er sollte sich schämen –
dieser soll seine Mund-Nasen-Maske abnehmen.
Und wenn der das nicht tut – er will nur lauter sprechen –
beginnt Trump, dessen Redefluss zu unterbrechen,
indem er ihn ignoriert und einfach übergeht
und einen maskenlosen Reporter drannimmt,
                    der weiter hinten steht.

Was schert es ihn, ob das illegal ist ...

D.T. hält sich für besonders klug.
Ganz offen empfiehlt er Wahlbetrug.
Angeblich, um das System zu überwachen.
Echt jetzt? Darüber kann man doch nur lachen!

Er schlägt den Wählern vor, doppelt abzustimmen.
Natürlich hofft er, so die Wahl zu gewinnen.
Trotz Briefwahl soll man zur Wahl noch mal gehen.
Wäre die Stimme schon gezählt,
            würde man das gleich sehen.

Doch er will ja die Briefwahl-Auszählung behindern,
um so die Stimmen für die Demokraten zu mindern.
Schließlich braucht es nur einen Wähler,
            dem der Betrug gelingt,
damit D.T. die Briefwahl komplett niederringt.

Er tut alles und setzt jedes Mittel ein,
um weiter zu regieren. Er ist ein armes Schwein.
Er ist ein armseliges Würstchen. Er hat keine Größe.
Er gibt sich im Grunde täglich diese Blöße.

Man sollte ihn mit faulen Eiern beschmeißen,
mit Tomaten und Fallobst und ihn das heißen,
was er ist, ein wucherndes geisteskrankes Gewächs,
ein Gröfatz mit Minderwertigkeitskomplex.

Wahl-Alptraum

In Amerika ist Wahl.
Alles läuft bisher normal.

Ein Kandidat ist Favorit.
Jedoch zum Schluss, was dann geschieht,
das haut das Volk echt aus den Socken.
Der Gegner darf letztlich frohlocken.

Man hat ein schräges Wahlsystem
und das war hierbei das Problem.
Es zählten nicht die Einzelstimmen.
Der Wahlverlierer konnt' gewinnen.

Er war erst selber ganz perplex,
denn jetzt würd' 's schwierig mit dem Sex.
Dank Secret Service könnt' die Nutten
er wohl nicht mehr so leicht einputten.

Aber wenigstens könnte er Golf noch spielen
und mit Atomwaffen in der Welt herumzielen.
Viel schöner als Sex ist grenzenlose Macht.
"Ist das geil! Ich bin Präsi!" hat er sich nun gedacht.

Sein Wahlprogramm hat zwar viel Blödsinn enthalten,
doch egal, er wird sich schon noch entfalten.

Die Wahlreform wird nicht angepackt.
Vielleicht klappt in vier Jahren noch mal so ein Akt.
Für die Gegenpartei blieb als Resultat
nur der Satz: "Jetzt haben wir den Salat!"

Es wird schwer, noch mehr Kräfte zu mobilisieren,
um in vier Jahren nicht noch mal zu verlieren.
Der Gröfatz ist nach vier Jahren so aufgeschwollen,
dass er träumt, die Wähler würden ihn zwölf Jahre wollen.

Zwei Monate vor der Wahl

Donald Trump ist ein Pazifist,
weil er intellektuell unbewaffnet ist.
Er schießt zwar wild, doch mit Hohlgeschossen.
Mit "Keiner liebt mich" hat er schon
        manche Träne vergossen.
Wir haben diesen guten Mann gründlich verkannt.
Unermüdlich kämpft er für dieses Land,
von dem ihm viel schon gehört, doch noch nicht genug.
Und aus diesem Grund investiert er auch klug
in den Wahlkampf keinesfalls sein eigenes Geld.
Den zahlt das Volk täglich, wenn er seine Reden hält.

Er ist der Erste, the First, der absolute Premier.
Seine Kumpel lobt er alle über den grünen Klee.
Für Analphabeten setzt er sich obendrein
durch das Sabotieren der Briefwahl für alle ein.
Auf gefährliche Bürger lässt er von hinten gern schießen,
rein prophylaktisch, um noch mehr Blutvergießen
durch diese zu verhindern. Dieser Plan ist doch toll.
Präventiv-Notwehr heißt das nun bedeutungsvoll.
Mit so einem Führer kann man sich glücklich schätzen.
Man kann ihn aber auch durch jemand andren ersetzen.

Das verkannte Staatsgenie

Angeblich führt Trump eine Spaltung herbei,
dabei
ist doch seine Volksverhetzerei
in Wahrheit nur Resultat seiner Intelligenz.
Es gibt kaum jemand, der ihn an Eloquenz
überbieten kann. Sein genialer Verstand
lässt ihn weise regieren hier im gelobten Land.

Was kann er dafür, wie er die Dinge sieht,
welche Schlüsse er zieht
aus dem, was geschieht?

Man zeigt ihm ein Bild von Straßenkrawallen.
Selbstverständlich denkt er da gleich und vor allem,
das Land steht in Flammen und die muss man löschen.
Ist doch besser, gleich mit Panzern vorzupreschen.
Das Volk braucht eine starke Hand,
einen Mann wie ihn mit scharfem Verstand.

Seit vier Jahren schon löst er Problem um Problem.
Er fordert das Volk, anstatt es bequem
auf Obamas Care-Kissen ruhen zu lassen.
Gegen ihn kann sein Vorgänger doch nur verblassen.

Trump baute eine Mauer, die man weltweit jetzt kennt.
Es ist gut, wenn man Kinder von ihren Müttern trennt.
Wenn weiße Cops auf farbige Bürger schießen,
dann doch nur, um weiteres Blutvergießen
zu verhindern, was in der Regel in Notwehr geschieht,
wie man dran erkennt, wer unbewaffnet
vor wem grade flieht.

Auch der medizinische Ehrendoktorhut,
den er sich selbst verlieh, der steht ihm gut.
Ohne ihn wären alle doch aufgeschmissen
und es hätten zwei Millionen noch ins Gras gebissen,
hätte er nicht so tolle Therapien vorgeschlagen.
In seiner Position muss man schon mal etwas wagen.

Donald deckt systematisch Schwachstellen auf,
nimmt dafür auch Kritik der eignen Leute in Kauf.
Man weiß doch, dass Briefwahl nicht sicher ist,
weil in dem Zwist
um die Frist
noch eine unberechenbare Komponente ist.

Wie könnte man die Wähler derart manipulieren,
dass sie sich in zwei Hälften dividieren?
Die Republikaner sollten maskenlos persönlich wählen.
So ließen sich deren Stimmen doch ganz einfach zählen.
Und die Demokraten können gerne Corona-bedingt
Briefwahl machen, womit auch dies gut gelingt.

Denn ein Freund in Belarus hat ein Zählsystem,
das ist schnell, zuverlässig und außerdem
bringt es klare Resultate, über jeden Zweifel erhaben,
so dass ihm achtzig Prozent der Wähler
                               dann ihre Stimme gaben.

Und die nächste Wahl könnte noch einfacher werden,
damit sich die Demokraten nicht bald wieder
                               so blöd gebärden.
Man könnte ankreuzen lassen, für wie viele Jahre,
vier – acht – zwölf – für immer – das wäre eine klare
Ansage und spart in der Zukunft viel Geld.
Auf so einen wie ihn – ehrlich – wartete die Welt ...

A Cheerleader for This Country

Poor Donald is always so misunderstood,
however, all his intentions are good.
His job as the leader of the USA
is to keep bad news from the people away.

He sees his role – you wouldn't believe –
not only as a cheerleader but as their chief.
You know, cheerleaders are people who are really pretty.
That's why Donald cares about his hair so much.
                                              What a pity!

Every day he has the big press room dance.
Who of the reporters gets a chance
to join him keeping the Americans happy?
"Take down your mask first", says Donald snappy.

By the way, there's a virus of which you could die.
"Covfefe, Covfefe!" That's the cheerleader's cry.
He has to play the danger down just a bit
so that nobody thinks this Corona could hit.

Donald loves his country, the United States.
He doesn't want to scare people with depressive debates.
He has done very well an amazing job.
Nearly 200,000 dead people say: He is president slob.

Der Regierungs-Clown

Wieso nur alle den armen Donald ständig missverstehen ...
Wieso kann man seine gute Absicht so schwer sehen?
Sein Ziel, das Präsidentenamt zu gestalten,
ist doch nur, vom Volk schlechte Nachrichten fernzuhalten.

Er ist nicht nur Cheerleader,
                              man kann ihm schon mehr zutrau'n.
Bitte glaubt ihm, er ist der oberste Unterhaltungsclown.
Cheerleaders sind hübsch und haben eine tolle Figur.
Donald hält da gut mit und punktet mit der Frisur.

Tag für Tag wird im Presseraum eifrig getanzt.
Nicht jeder Reporter, der sich hier hinein wanzt,
bekommt die Chance, am Glücksreigen teilzunehmen.
Wer Gesichtsmaske trägt,
                          soll sich laut Donald mal schämen.

Und das Virus, an dem man womöglich stirbt?
Mit dem "Covfefe!" Ruf der Cheerleader
                          keine Laune verdirbt.
Man muss die Gefahr doch nur ein wenig herunterspielen,
dann weiß ein jeder, das Virus wird danebenzielen.

Ja, Donald liebt sein Land, die Vereinigten Staaten.
Er will niemand erschrecken, dass der riecht den Braten.
Da hat er wirklich einen verdammt guten Job getan.
Fast 200.000 Tote aber sehen ihn als Präsidentenfiesling an.

140

Der weise Donald hat schon lange kapiert,
dass man sich mit der Wahrheit oftmals blamiert.
Daher wird bei ihm ständig kackfrech gelogen.
Da wird geschummelt, übertrieben, vertuscht und betrogen.
Wenn man lange genug all diese Lügen verbreitet,
wird das Durchschnittsvolk irgendwann dazu verleitet,
jeden Scheiß zu glauben. Dann gibt 's keine Beschwerden,
wenn er proklamiert, er würde jetzt König werden.

Konsequent
inkompetent